Mon combat pour la liberté irlandaise

Dan Breen

Writat

Cette édition parue en 2024

ISBN : 9789359945590

Publié par
Writat
email : info@writat.com

Contenu

INTRODUCTION

Mon combat pour la liberté irlandaise , du commandant général Dan Breen, de la troisième brigade de Tipperary, est une histoire écrite dans la langue simple et sans affectation de l'un des fils les plus courageux et les plus dévoués d'Irlande. De nombreux grands champions irlandais ont quitté ce monde sans laisser de traces authentiques des batailles auxquelles ils ont pris part, à l'exception de celles que la tradition a transmises de génération en génération.

Au fil du temps, bon nombre des phases les plus importantes des récits ainsi transmis furent oubliées et, dans certains cas, des ajouts furent apportés qui donnèrent à certains contes un caractère mythique plutôt qu'historique.

Un document historique authentique de Cuchulainn lui-même, s'il était découvert aujourd'hui, susciterait un intérêt mondial plus grand que la découverte du tombeau des Pharaons.
L'auteur et acteur principal de cette histoire dramatique est né et a grandi à Tipperary. Il n'avait aucune connaissance militaire jusqu'à ce qu'il rejoigne les Volontaires irlandais. De jeunes Irlandais vaillants comme Dan Breen s'éloignaient depuis des générations de leur terre natale. Leur génie militaire naturel et leur audace trouvèrent un débouché dans les armées de France et d'Espagne, où

« Sur des terrains lointains, de Dunkerque à Belgrade
Mentez les soldats et les chefs de la brigade irlandaise.

Washington appréciait pleinement la valeur de ses soldats émigrés irlandais, comme il le prouva par la suite en leur accordant un statut égal à celui des Américains de naissance. Il accordait une confiance illimitée au patriotisme et à la loyauté de ses généraux et soldats irlandais, qui représentaient près de la moitié de l'ensemble de l'armée révolutionnaire.
Avec le déclenchement de la Guerre mondiale en 1914, la virilité du monde était rassemblée en deux puissantes machines de guerre opposées, se préparant à s'anéantir mutuellement. Le slogan « combattre pour la défense des petites nations » a été diffusé. Sous ce prétexte et sous d'autres prétextes spécieux, des centaines d'Irlandais furent incités à s'enrôler dans les armées impériales anglaises et endurèrent les horreurs de la France, des Flandres et des Dardanelles.

Tandis que ces régiments irlandais nouvellement recrutés étaient enrôlés sur les différents fronts de guerre en Europe, de grands esprits étaient occupés chez eux à planifier la régénération de l'Irlande. Depuis deux ans, le mouvement des volontaires irlandais, dirigé par Pearse, Connolly, Casement, Clarke et les autres dirigeants, s'était répandu comme un feu de prairie à travers le pays ! Hélas! parce qu'ils ont osé faire valoir la prétention de leur propre petite nation d'être maître dans sa propre maison, le peloton d'exécution et l'échafaud ont éteint la vie courageuse de seize nobles dirigeants irlandais.

Dan Breen et ses quelques camarades étaient définitivement parvenus à la conclusion que, même si un drapeau étranger flottait sur les bâtiments publics en Irlande et qu'une armée étrangère était en garnison dans le pays, il n'y avait qu'un seul endroit – et un seul endroit – où les Irlandais pouvaient combattre – et cet endroit était l'Irlande.

Il n'a pas attendu qu'une armée se développe, ni qu'un grand capitaine vienne de l'étranger pour conduire ses compatriotes à la victoire. En fait, à une certaine époque, notre soldat-auteur était, avec quelques camarades, pratiquement la seule force sur le terrain engagée dans des hostilités actives contre l'ennemi.

Un drame aussi émouvant a rarement, voire jamais, été joué sur la scène de la vie irlandaise. Il est peu probable qu'un autre individu dans l'histoire irlandaise ait reçu un nombre comparable de blessures presque mortelles en combattant pour la défense de son pays et ait survécu pour raconter l'histoire des combats au cours desquels ces blessures ont été infligées.

Animé d'un amour ardent pour la patrie et d'une détermination ferme à obtenir son indépendance, Dan Breen et une poignée d'hommes déclarèrent la guerre à l'Angleterre pour leur propre compte, convaincus que leurs compatriotes suivraient leur exemple. En cela, il n'a pas été déçu.

Les engagements décrits se succèdent si rapidement et sont d'un caractère si passionnant que, depuis l'ouverture du premier chapitre jusqu'à la fin du dernier, le lecteur est dans l'attente momentanée de l'histoire se terminant par la mort dramatique du auteur.

Les descriptions graphiques des localités par l'auteur, le fait qu'il donne des distances précises entre un endroit et un autre, son enregistrement des noms de lieux et des noms de famille confèrent à l'histoire une valeur historique distincte et particulière.

Si grandes que soient les souffrances physiques qu'il a endurées, littéralement criblée de balles, elles n'étaient rien comparées à la torture mentale qu'il a dû endurer plus tard en voyant ses anciens camarades retourner les armes les uns contre les autres après la signature du « Traité » de 1921.

En donnant à ses compatriotes cette trace écrite authentique des engagements auxquels il a pris part, Dan Breen a rendu à l'Irlande un service qui n'a d'égal que ceux qui lui ont été rendus dans les engagements qu'il décrit.

Espérons qu'un érudit celtique compétent traduira l'histoire dans la langue des anciens champions d'Irlande qu'elle avait rassemblés dans son sein des

siècles avant que ce vaillant fils de Tipperary ne soit prêt à rendre à son pays
bien-aimé les splendides services qu'il a si volontiers rendus.

JOSEPH MCGARRITY.

CRÊME PHILADELPHIA.

CHAPITRE I.
LA FORMATION D'UN BÉNÉVOLE

"La vie d'un soldat est ma vie,

La mort d'un soldat, donc l'Irlande est libre.

— *Davis.*

C'est en 1914 que j'ai rejoint pour la première fois les Volontaires irlandais dans le village de Donohill, à environ six kilomètres de la ville de Tipperary. A cette époque, j'avais environ vingt ans. Je suis rapidement devenu connu de la police locale sous le nom de « Sinn Feiner », une espèce d'animal très rare à l'époque. Plus tard dans ma carrière, les mêmes personnes, je crois, m'ont conféré le titre encore plus élevé de « Prince des Assassins » ! Mais je dois implorer la patience du lecteur pendant que je décris brièvement la situation en Irlande l'année du début de la Grande Guerre.

Le Parlement britannique a adopté son Home Rule Bill pour l'Irlande. La minorité orange du nord de l'Irlande a déclaré qu'elle résisterait à toute tentative de faire appliquer ce projet de loi ou de créer un Parlement à Dublin. Soutenus financièrement et moralement par la section la plus riche du parti conservateur anglais, les orangistes organisèrent, forèrent et armèrent ouvertement une armée de volontaires pour défier le Parlement britannique.

À cette époque, le Sinn Fein en tant que politique politique était peu connu en dehors de la ville de Dublin. Les porte-parole de la grande majorité du peuple irlandais étaient les parlementaires dirigés par John Redmond. Mais quelques dirigeants intellectuels, comme Pearse et MacNeill, dont l'influence politique comptait alors peu, virent dans l'action des Orange Volunteers un excellent exemple pour le reste de l'Irlande. Ils ont appelé les nationalistes à former une armée de volontaires. La tradition des Fenians était toujours vivante. Beaucoup de ceux qui se souciaient peu du Home Rule Bill ont vu que nous avions désormais l'opportunité qu'ils souhaitaient. L'Irlande répondit à l'appel et lorsque la Grande Guerre éclata, il y avait en Irlande trois armées, bien que très différentes dans leur équipement et dans leurs perspectives. L'une était l'armée britannique d'occupation ; l'autre était l'Armée des Volontaires Orange dans le Nord ; et le troisième était l'Irish Volunteer Force. Par conséquent, lorsque la Grande Guerre éclata, Redmond et ses partisans se rallièrent aux Britanniques et lancèrent un appel à des recrues pour l'armée britannique. Les Volontaires Orange étaient eux aussi en totale sympathie avec la cause britannique. Les Volontaires irlandais furent pendant un certain temps divisés et désorganisés ; des milliers de personnes rejoignirent l'armée britannique ; mais un petit nombre resta obstinément neutre et fidèle à la seule Irlande. Ce petit nombre n'a pas été trompé par le discours anglais de « se battre pour les petites nations » et « pour le caractère sacré des traités ». C'étaient ceux qui croyaient en une Irlande indépendante ; et comme leurs meilleurs orateurs étaient des partisans du programme politique du Sinn Fein, ils furent tous progressivement connus sous le nom de « Volontaires du Sinn Fein ».

Notre petit groupe à Donohill faisait partie de cette petite minorité. Nous n'avons pas prêté beaucoup d'attention à l'appel de John Redmond à rejoindre l'armée britannique. Nous avons continué à nous entraîner et à nous entraîner ouvertement, dans l'espoir que le moment viendrait où nous pourrions avoir l'occasion de porter un coup au seul ennemi que nous reconnaissions : l'Angleterre.

Au fur et à mesure que la guerre avançait, nous étions étroitement surveillés par la police. Nous étions connus comme « pro-allemands ». La majorité du peuple, emportée par la campagne de mensonges et de calomnies dans la presse, était en faveur de l'Angleterre plutôt que contre l'Allemagne dans la guerre. L'aristocratie et les marchands et agriculteurs les plus riches ont généralement soutenu les mouvements lancés pour apporter du réconfort aux soldats britanniques dans les tranchées. Mais nous, les Volontaires irlandais – désormais, par ce terme, je dois comprendre que j'entends ceux qui refusèrent de prendre le parti de l'Angleterre dans la guerre – restâmes à l'écart. C'est alors que je suis tombé en disgrâce auprès de la police pour mon refus de soutenir leurs fonds destinés à fournir du confort aux soldats. J'étais un employé de la Great Southern and Western Railway, et je suis convaincu qu'ils ont informé mes supérieurs de ce qu'ils considéraient comme mes tendances déloyales.

Il est nécessaire d'expliquer la nature de cette force policière. La Royal Irish Constabulary – un organisme désormais entré dans l'histoire – n'était pas une force de police au sens où on l'entend dans d'autres pays. C'était une force semi-militaire, entraînée au maniement des armes et dotée de carabines et de fusils. Comme le crime au sens ordinaire du terme était pratiquement inconnu en Irlande, la tâche principale de ces hommes était d'espionner les volontaires et autres personnes travaillant pour une Irlande indépendante. Ils étaient connus pour rapporter même des sermons prononcés par des prêtres irlandais. Au total, il y avait alors environ dix mille de ces policiers dans le pays, dispersés en petites garnisons de deux à dix ou vingt hommes, selon la grandeur du village ou de la ville où ils se trouvaient. Issus pour la plupart de familles nationalistes irlandaises, ils constituaient le cerveau de la garnison anglaise en Irlande ; car ils connaissaient les gens et disposaient des informations sans lesquelles les 40 000 soldats anglais, ignorants du pays, de ses habitants et de son histoire, n'auraient été d'aucune utilité.

Je reprends maintenant mon récit. Depuis le début de la Grande Guerre , j'ai continué mon travail quotidien et je n'ai pas pris une part plus active qu'un simple soldat à la compagnie locale des Volontaires irlandais. Nous nous réunissions et nous entraînions plusieurs fois par semaine, et essayions de temps en temps de prendre un fusil ou un revolver ; car les Volontaires avaient généralement très peu d'armes à cette époque.

donc continué notre routine jusqu'en 1915 et jusqu'en avril 1916. Je n'ai pas l'intention de traiter ici de l'insurrection de 1916, sauf pour dire qu'en raison de la confusion des ordres et des contre-ordres, les hommes de Tipperary n'avaient aucune chance de réussir. faire tester leur courage. Je dois cependant remarquer une coïncidence en rapport avec nos projets. Une partie de la tâche des volontaires de mon district consistait à détruire une importante ligne de communication ferroviaire. Nous devions à cet effet saisir une quantité de gelignite, ensuite stockée par le Conseil départemental pour dynamitage dans une carrière voisine. Cette carrière s'appelait Soloheadbeg, où trois ans plus tard, mes camarades et moi avons reçu notre baptême du feu.

Le soulèvement de 1916 a complètement changé notre vision des choses. Les gens qui auparavant se moquaient et se moquaient des Sinn Feiners se sont désormais tournés vers nous. Mais notre organisation militaire s'était effondrée. Des milliers de nos hommes dans tout le pays ont été capturés et déportés en Angleterre. Les forces britanniques, tant policières que militaires, ont saisi les armes sur lesquelles elles pouvaient mettre la main. Nous ne pouvions plus faire d'exercices ni défiler en public ; notre organisation avait été solennellement proclamée par les Britanniques comme un organisme illégal. Pendant un certain temps, nous étions dans la confusion et le désespoir. Ce ne fut cependant que pour une très courte période, car en quelques mois ceux qui avaient échappé aux mailles du filet militaire anglais après l'Insurrection avaient en fait tenu deux congrès secrets à Dublin pour réorganiser les Volontaires.

Après quelques mois, nous nous sommes remis au travail. Mon voisin et camarade, Sean Treacy, et moi avons décidé de prendre un nouveau départ et de remettre notre entreprise de bénévoles au travail. Cette fois, bien sûr, nous ne pouvions pas le faire ouvertement ; nous avons dû travailler en secret. Comme il était désormais considéré comme dangereux d'avoir quoi que ce soit à faire avec les Volontaires irlandais, notre nombre était réduit ; mais nous avions des hommes meilleurs et plus déterminés. Pendant un certain temps, nous n'étions en effet que trois.

Nous nous retrouvions dans un petit bois après notre travail deux fois par semaine. Nous avons donc lutté jusqu'en mai 1917, lorsque notre entreprise comptait désormais treize personnes. Aucun d'entre nous ne possédait de connaissances militaires, et ceux du voisinage qui pouvaient nous instruire avaient soit rejoint l'armée britannique, soit on ne pouvait pas leur faire confiance pour prendre des risques. Pourtant, nous nous entendions très bien dans les exercices physiques, le repérage, la signalisation, l'entraînement au revolver, les exercices en ordre rapproché et autres travaux similaires. Nous devions nous appuyer principalement sur le travail du livre ; et, par une étrange ironie, les livres que nous trouvions les plus utiles étaient les textes officiels fournis aux troupes britanniques, aux hommes que nous nous préparions à rencontrer.

Bien sûr, nous avons commis des erreurs de temps en temps, mais notre sérieux a surmonté de nombreuses difficultés. Par ailleurs, nous étions souvent des spectateurs innocents des manœuvres britanniques dans la localité, et je peux vous assurer que nous gardions les yeux et les oreilles ouverts pour recevoir des indices. Si l'occasion se présentait à nous de trouver un revolver, nous parvenions à trouver l'argent d'une manière ou d'une autre et à augmenter notre petite réserve de munitions.

Le meilleur hommage à notre réussite dans l'art de l'éducation militaire a été rendu par les responsables du gouvernement britannique, qui, plus tard, ont décrit notre petite bande comme les « crack shots de l'IRA ». nous avons nous-mêmes appris que tout ce qui relève des déclarations officielles émanant du quartier général militaire britannique de Parkgate Street, à Dublin, ou des autorités civiles du château de Dublin, doit toujours être digéré avec une quantité considérable de sel.

C'est en août 1917 que notre petite poignée d'hommes fit sa première parade publique. A cette époque, les hommes déportés après l'insurrection de la Semaine Sainte étaient libérés et, dans tout le pays, ils commençaient à faire ce que nous faisions pour notre propre compte depuis près d'un an. Dans l'arène politique, deux élections partielles qui ont eu lieu à Roscommon et à Longford ont abouti au triomphe des candidats défendant la cause républicaine. Quelques mois plus tard, Eamon de Valera, à sa sortie de la prison de Lewes, avait été invité à se présenter à un poste parlementaire vacant à East Clare. Présent pour une République et pour avoir refusé de siéger au Parlement anglais, il a été élu à une large majorité. Peu de temps après son élection, il a pris la parole lors d'une énorme réunion dans la ville de Tipperary et nous, vêtus de l'uniforme vert foncé des Volontaires irlandais, avons agi comme garde du corps de l'homme qui a été élu peu après président de la République irlandaise. Tipperary était alors occupée par une garnison de plus d'un millier de soldats britanniques et, comme notre réunion se tenait presque à l'ombre de leur caserne, nous ne portions pas de fusils. Au lieu de cela, nous portions des hurleys. Or, nous étions ainsi, à la stupéfaction de tous les peuples pacifiques, en train de commettre un triple acte de défi contre l'Angleterre. En premier lieu, c'était un crime de marcher en formation militaire ; deuxièmement, le port de l'uniforme constitue une infraction encore plus grave ; et troisièmement, cela violait une proclamation spéciale qui venait d'être publiée contre le port de hurleys.

Cette proclamation s'est produite de cette manière. Une réunion se tenait à Beresford Place, à Dublin, un dimanche après-midi, pour protester contre le traitement réservé aux prisonniers irlandais détenus par l'Angleterre. Le comte Plunkett et Cathal Brugha s'adressaient à la réunion lorsque l'inspecteur Mills, de la police métropolitaine de Dublin, et certains de ses hommes ont tenté d'empêcher la tenue de cette réunion pacifique de citoyens. La réunion comprenait de nombreux jeunes hommes allant ou revenant d'une partie de hurling, le passe-temps national de l'Irlande. Dans la mêlée qui a suivi la tentative de disperser la réunion et d'arrêter les orateurs, l'inspecteur a été frappé avec un hurley et a reçu des blessures qui l'ont tué. Sur ce, Sir Bryan Mahon, alors commandant en chef des troupes britanniques en Irlande, publia une proclamation interdisant le port de hurleys en public. Pour se rendre compte de l'absurdité de cette proclamation, il suffit d'imaginer un gouvernement civilisé déclarant illégal le port d'une canne. Le résultat fut ce à quoi toute personne connaissant l'Irlande pouvait s'attendre : pendant un certain temps, les Hurleys furent transportés dans des endroits où leur utilisation était à peine connue, et le gouvernement britannique devint la risée.

Notre première démonstration militaire à Tipperary n'a pas été un plus grand choc pour l'ennemi que pour les Sinn Feiners locaux ; car vous devez comprendre qu'à cette époque l'opinion publique s'était presque entièrement tournée en faveur du Sinn Fein et que nous étions chargés de milliers de recrues qui n'étaient pas dans leur cœur en faveur d'armes plus puissantes que les résolutions. A cette occasion, de nombreux Sinn Feiners locaux ont été choqués par notre audace en prenant la décision que nous avons prise sans une discussion solennelle, une proposition formelle à la réunion et une résolution de longue haleine. Ces pauvres âmes nous ont souvent gênés plus tard, mais cela ne nous dérangeait pas. L'aile purement politique du Sinn Fein nous a sévèrement critiqués, je crois, mais nous sommes restés silencieux, nous avons simplement écouté tout le monde et jugé nos hommes.

CHAPITRE II.
PRÉPARATION À LA Mêlée.

La police locale a dûment informé son quartier général de ce mépris ouvert de la loi britannique à Tipperary. Ils ont reçu l'ordre d'arrêter les coupables. Mais comme nous n'avions aucune envie de profiter de l'hospitalité des prisons de Sa Majesté britannique, Sean Treacy et moi sommes partis « en fuite », c'est-à-dire que pour échapper à nos poursuivants, nous avons dû quitter nos maisons et continuer à nous déplacer. la maison d'un ami fidèle à un autre. Mais le vendredi suivant notre défilé public, Sean a été arrêté par les « Peelers ». Les membres du RIC étaient mieux connus en Irlande pendant des générations sous le nom de « Peelers », un terme de mépris inventé à partir du nom de Sir Robert Peel, qui, au début du XIXe siècle, organisa pour la première fois cette force.

Sean a été emmené à la prison de Cork où il a rencontré pour la première fois les frères Brennan, de Meelick, dans le comté de Clare, qui étaient également des invités involontaires des geôliers britanniques. Les trois frères Brennan — Austin, Paddy et Michael — sont ensuite devenus des officiers célèbres du commandement sud de l'armée républicaine irlandaise et occupent actuellement des grades élevés dans l'armée de l'État libre. En passant, je dois dire qu'en jetant des hommes en prison à cette époque, l'Angleterre leur donnait en réalité une excellente occasion d'échanger des points de vue, de discuter de plans pour l'avenir et, plus généralement, de transformer la prison en une « université pour rebelles ». Beaucoup en ont en effet appris plus sur les exercices militaires et les méthodes de fabrication d'explosifs pendant leur séjour en prison qu'ils ne l'avaient jamais su auparavant.

Sean a finalement été jugé par une cour martiale et condamné à deux ans d'emprisonnement, mais seize mois de peine ont été remis. Ces procès n'étaient bien sûr qu'une simple formalité, car nos hommes n'ont jamais présenté de défense juridique, mais ont refusé de reconnaître le droit d'un tribunal britannique de les juger. Très souvent, au début, nos hommes transformaient les débats en farce en lisant un journal ou en chantant pendant l'audition des preuves.

Avec plusieurs de ses camarades, Sean a entamé une grève de la faim pour protester contre leur traitement. C'était la première fois que des prisonniers politiques irlandais utilisaient cette arme, devenue par la suite si courante. Ils furent transférés à la prison de Mountjoy, à Dublin, où ils poursuivirent leur grève de la faim jusqu'à ce que l'un d'entre eux, le commandant Tom Ashe, qui avait joué un rôle de premier plan dans l'un des exploits les plus réussis de l'insurrection de 1916, décède des suites de l'attaque. tentatives faites par le médecin de la prison et les fonctionnaires de la prison pour le nourrir de force. La tragédie a mis en colère toute la nation irlandaise et le gouvernement britannique a réalisé pour la première fois que nos hommes étaient sérieux et prêts à mourir pour leurs principes. Un accord a été conclu selon lequel ils devaient être traités comme des prisonniers de guerre ou comme des prisonniers politiques, et l'alimentation forcée n'a plus jamais été tentée.

Entre-temps, j'avais été occupé pendant l'emprisonnement de mon camarade. J'ai organisé des sections de Volontaires dans toutes les paroisses environnantes et, à mesure que des efforts similaires étaient déployés dans tout le pays, notre organisation militaire est rapidement devenue encore plus parfaite qu'elle ne l'avait été en 1916. Le gouvernement britannique, fidèle à ses traditions, a rompu l'accord conclu. avec les prisonniers, et Sean et ses camarades volontaires, qui avaient maintenant été transférés à la prison de Dundalk, ont de nouveau entamé une grève de la faim et ont obtenu leur libération.

Pendant tout ce temps, l'organisation et l'entraînement des Volontaires s'étaient déroulés en secret. De temps en temps, les Britanniques surprenaient des corps d'hommes ici et là et les capturaient. Mais quand Sean est rentré à la maison, il a rapporté que nous devions sortir à découvert pour faire l'exercice, même si le gouvernement britannique tentait d'arrêter chacun d'entre nous. On pensait que si l'Angleterre mettait en œuvre une politique d' arrestations massives , elle aurait bientôt des dizaines de milliers d'Irlandais en prison et deviendrait à nouveau la risée des nations.

C'était au début de 1918. A cette époque, nous disposions d'un approvisionnement suffisant en armes et en munitions par des voies qui ne sont peut-être pas encore divulguées. Il faut se rappeler que pendant plusieurs années auparavant, aucune arme à feu n'était autorisée dans le pays, aucun magasin ne pouvait vendre celles qu'il avait sous la main et même les cartouches de sport ne pouvaient être achetées qu'avec une autorisation spéciale des autorités militaires britanniques. L'ennemi flaireait une nouvelle insurrection.

Ils sont devenus plus vigilants et une fois de plus Sean Treacy a été arrêté. Dès sa capture, il entama de nouveau une grève de la faim et fut rejoint par Michael Brennan, de Meelick, et par Seumas O'Neill, professeur au Rockwell College, tous deux arrêtés trois jours après Sean.

emprisonnement de Sean, j'avais été élu capitaine de la compagnie ; et maintenant, au cours de son deuxième mandat, j'ai été promu commandant du bataillon, et plus tard encore, je suis devenu commandant de brigade. A cette époque, chaque compagnie élisait son propre capitaine, chaque homme ayant droit de vote et chaque homme étant éligible. Les différents officiers de compagnie d'une zone de bataillon se réunissaient alors et élisaient à leur tour les officiers du bataillon, et ainsi de la brigade. En réalité, c'était une armée démocratique.

C'était l'époque où les choses allaient mal avec l'Angleterre pendant la guerre. En mars 1918 commença la grande offensive allemande, lorsque les lignes britanniques furent percées. Dans leur désespoir, les Anglais crièrent : « Enrôlez les Irlandais ». En quelques semaines, la loi nécessaire fut adoptée par le Parlement britannique et tous les préparatifs furent faits pour forcer les Irlandais à combattre l'Angleterre. Sir John French, plus tard Lord French, lui-même irlandais de naissance, était vice-roi britannique à Dublin.

Le peuple irlandais était incité à l'action. Jamais auparavant il n'y eut une détermination aussi farouche à résister aux projets britanniques. Évêques, prêtres et dirigeants politiques de toutes tendances se sont réunis pour faire face à la menace. Au moment du danger commun, tous se tournèrent instinctivement vers les Volontaires irlandais. Si la résistance devait venir, elle viendrait uniquement de leurs rangs ; car l'Angleterre et l'Irlande savaient bien que les volontaires irlandais seraient anéantis jusqu'au dernier homme avant de permettre qu'un seul Irlandais soit forcé de s'enrôler dans l'armée britannique.

Notre problème était le manque d'armes ; d'hommes, nous en avions maintenant trop. À cette époque , j'étais commandant de brigade et nous avons décidé de faire des raids pour récupérer des armes. Nous savions qu'il y avait beaucoup de fusils de chasse, de revolvers, de baïonnettes, d'épées et parfois un fusil ici et là dans les maisons privées, en particulier dans les maisons de l'élément fidèle à l'Angleterre.

Nous n'avons eu que très peu de peine pour récupérer les armes. Nos hommes dans chaque quartier avaient compilé des informations précises sur chaque maison dans laquelle se trouvait une arme. Nous y allions généralement la nuit et demandions les armes. Ceux qui auraient voulu refuser savaient qu'ils n'osaient pas. Beaucoup d'autres les ont donnés volontairement, et certains nous ont même envoyé un message pour les réclamer. En aucun cas nous n'avons eu à tirer un coup de feu pendant les quelques semaines que nous avons exercées sur ce chantier. Nous devions agir le plus rapidement possible, car dès que les Britanniques en eurent vent, ils donnèrent immédiatement l'ordre que toutes les armes leur soient remises pour qu'elles soient conservées en lieu sûr. Nous arrivions généralement les premiers, et plus d'une fois notre visite dans une maison avait lieu quelques minutes seulement avant celle des éplucheurs.

SEAN TREACY.

CHAPITRE III.
NOTRE PREMIÈRE USINE DE MUNITION.

Au cours de l'été 1918, la menace de la conscription pesait sur le pays, et jeunes et vieux affluèrent dans les rangs des Volontaires. On peut estimer avec certitude qu'à cette époque, les neuf dixièmes de tous les Irlandais valides, âgés de seize à cinquante ans, étaient des Volontaires ; tandis que les femmes avaient leur association – Cumann na mBan – et les garçons avaient la leur, les Fianna ou Boy Scouts, tous se préparant à être nos auxiliaires. Comme la plupart de nos officiers étaient en prison pour une accusation ou une autre, nous qui étions dehors, nous travaillions jour et nuit. J'étais toujours enthousiaste, car je voyais dans la conscription une glorieuse chance d'unir notre propre peuple. Bien que mal armés, nous étions déterminés à nous battre ; et je croyais que si le combat éclatait, les survivants seraient unis dans leur objectif, et pour moi une Irlande unie de deux millions d'habitants serait préférable à une Irlande de quatre millions et demi divisée en trois ou quatre factions différentes.

Entre-temps, bien que la loi sur la conscription fût devenue loi, l'Angleterre, consciente de notre détermination, ajourna son application de quelques mois, afin de nous donner la possibilité de nous enrôler volontairement. Nous avons continué nos préparatifs et sommes devenus encore plus audacieux. Il était parfois à la fois déroutant et amusant pour le public d'assister à nos manœuvres.

Plus d'une fois, par exemple, lors de simulacres de batailles, nous avons attaqué ou défendu la ville de Tipperary et avons effectivement proclamé certaines routes ou rues comme des « zones militaires », où les soldats ou la police britanniques, ainsi que les civils, n'avaient pas le droit d'entrer pendant les « opérations ». Ces opérations furent menées par quelques centaines de Volontaires, tandis que la ville était occupée par une garnison de plus d'un millier de soldats britanniques. Dans de telles occasions, nous ne déployions pas d'armes, même si quelques-uns d'entre nous pouvaient, pour des raisons particulières, avoir leur revolver dans leurs poches.

Il est vite devenu évident que l'Angleterre était plus sage que d'essayer de nous enrôler. La menace s'est progressivement estompée, tout comme notre grande armée ! Mais le petit nombre qui restait était plus utile. Ils voulaient se battre pour l'indépendance. Les autres ne pensaient qu'à se sauver des tranchées françaises et croyaient avec les anciens dirigeants politiques que la liberté de l'Irlande ne valait pas l'effusion d'une goutte de sang. Comme mes actions ultérieures l'ont montré, j'avais un point de vue différent.

A cette époque, comme je l'ai déjà expliqué, Sean Treacy profitait du luxe d'une grève de la faim dans la prison de Dundalk. Il était depuis treize jours sans nourriture et nous craignions qu'ils aient l'intention de le laisser mourir. Nous qui étions dehors, nous pensions qu'il fallait faire quelque chose sans tarder. J'ai eu une onde cérébrale. Pourquoi ne pas capturer un Peeler, l'emmener dans une cachette sûre, le mettre en grève de la faim et le garder en otage pour la sécurité de Sean ? J'ai discuté du projet avec quelques-uns des autres : ils étaient favorablement disposés ; et comme nous savions que quelques policiers patrouillaient régulièrement chaque soir sur la voie ferrée près de Limerick Junction, nous décidâmes qu'ils seraient nos otages. Tous les préparatifs furent faits et notre cachette dans la région montagneuse à la frontière Limerick-Tipperary fut choisie. Quarante hommes ont été mobilisés pour mener à bien les travaux ; mais pour une fois, les policiers n'ont pas réussi à patrouiller le long de la ligne. Plus tard, j'ai découvert que le projet avait été rejeté par la Fraternité républicaine irlandaise, une organisation secrète qui comprenait les volontaires les plus fiables et qui contrôlait pratiquement l'armée des volontaires. Après cela, j'ai rompu mes liens avec l'IRB

Sean Treacy fut libéré en juillet 1918. Lorsqu'il rentra chez lui, il avait plein de projets d'organisation. J'en avais fait une overdose au cours des mois où il était absent et, d'après mon expérience, j'étais plus en faveur de commencer un combat immédiatement plutôt que de me lancer dans l'organisation. Sean aurait ce qu'il voulait et nous avons convenu de différer. J'ai aussitôt lancé une « usine de munitions » en partenariat avec mon ami Patrick Keogh. Nous avons eu de nombreuses disputes animées sur divers points, certains importants, d'autres autrement, mais dès que Sean apparaissait, il versait toujours de l'huile sur les eaux troubles.

Je dois vous donner une description de notre usine, de peur que le lecteur n'imagine une réplique irlandaise des usines Krupp à Essen. Le bâtiment lui-même était un petit chalet rural appartenant à Tom O'Dwyer, du Boghole. Trois chambres ont été louées à Denis O'Dwyer, de Dervice. Lui et le propriétaire étaient des personnages bien connus à Tipperary. Notre équipement était des plus rudimentaires, car nous n'avions aucune machinerie. Mais il était simple de fabriquer de la poudre noire ordinaire. Nous avons également fabriqué des grenades à main rudimentaires qui, soit dit en passant, devaient être allumées avec une allumette avant d'être lancées. Vous pouvez donc imaginer les risques s'il fallait les mettre en action par une nuit venteuse ou pluvieuse. À cette époque également, nous collections toutes les cartouches disponibles, y compris les cartouches de sport pour fusils de chasse, et celles-ci étaient remplies de chevrotine. Keogh et moi nous disputions toujours pour savoir s'il valait mieux mettre quatre ou huit grains de plomb dans la cartouche. Le lecteur peut facilement imaginer l'effet sur un pauvre diable qui pourrait recevoir la pleine charge d'une de ces cartouches de sport rechargées.

Bien que la plupart de nos raids en vue d'acquérir des armes aient été effectués à cette époque, nous trouvions encore de temps à autre l'occasion d'une expédition de ce genre. Ma première rencontre avec l'ennemi eut lieu une nuit alors que je revenais d'un raid.

Un petit nombre d'entre nous, dont Sean Treacy, rentrions chez nous à vélo depuis Tipperary, lorsque mon vélo est tombé à plat et j'ai dû en descendre pour le gonfler. J'ai ordonné aux autres de passer devant, en disant que je les dépasserais. En chemin, ils sont passés devant la caserne de police située à la périphérie de la ville. Il semblerait que la police les ait entendus passer devant la caserne et qu'elle soit sortie pour jeter un coup d'œil ; ou bien ils étaient effectivement sur la route au moment du passage des hommes et, avec leur courage habituel, ils craignaient d'affronter les six Volontaires. Quoi qu'il en soit, je n'ai entendu ni vu personne lorsque j'ai gonflé mon vélo, jusqu'à ce que je sois soudainement arrêté par un puissant Peeler. Dans ma main gauche, je portais une petite barre de fer pour forcer les serrures, j'ai donc essayé son effet sur sa tête. Le bar a eu raison de la dispute. J'ai alors sorti mon revolver et couvert le groupe d'éplucheurs. « Rendez-vous ou je tire », a crié leur officier. "Levez la main, ou je vous tire tous dessus", répondis-je. Ils ont respecté ma commande.

J'ai ensuite reculé, faisant rouler mon vélo et gardant toujours mon arme pointée sur les éplucheurs, jusqu'à ce que j'atteigne une ruelle. Je me suis précipité dans la ruelle, j'ai monté mon vélo et je me suis échappé de la ville pas trop tôt. L'alarme fut rapidement donnée, la ville entière fut encerclée et chaque rue et ruelle fouillée. Mais j'étais en sécurité dans mon usine avec mes camarades.

CHAPITRE IV.
NOTRE USINE A explosé.

Mon expérience la plus excitante a été de voir notre usine de munitions exploser dans le ciel. J'y échappai de justesse, car j'étais à cinquante pas de la porte ; mais mon partenaire, Paddy Keogh, a eu une évasion encore plus merveilleuse, car il se trouvait effectivement sur les lieux lorsque l'explosion s'est produite.

Nous n'avons jamais su ce qui avait causé ces ravages. J'étais allé chercher un bidon d'eau au puits, car la nécessité nous obligeait à faire nous-mêmes la cuisine et le ménage. Alors que je rentrais au chalet, j'ai vu le toit s'en détacher, et simultanément le rugissement des grenades qui ont éclaté. En un instant, la maison fut en flammes. C'était une situation désespérée. Ma seule pensée était de sauver mon camarade, si toutefois il n'était pas déjà au-delà de toute aide humaine.

J'ai laissé tomber le bidon d'eau et je me suis précipité vers la maison. Je me suis précipité dans les escaliers et j'ai trouvé Paddy allongé dans la pièce, mort ou inconscient. Je l'ai soulevé dans mes bras et je l'ai porté le cœur lourd à travers la pluie d'obus dans les escaliers et hors de la maison, puis jusqu'aux rives du Multeen, un petit ruisseau non loin de la maison. Mon cœur était serré d'angoisse alors que je le déposais au bord du ruisseau et me précipitais vers mon bidon pour jeter un peu d'eau fraîche et propre sur son visage pâle. Avant que j'aie eu le temps d'essayer les effets d'un deuxième approvisionnement, Paddy était debout et se précipitait vers moi, bien vivant !

"Espèce de foutu imbécile, tu veux me noyer ?" il cria. Et puis il a ajouté bien d'autres choses que je préfère ne pas répéter.

La destruction de notre maison a été un coup dur et pendant un moment nous avons pleuré la perte de notre petite usine et de son contenu.

Mon petit capital avait disparu à présent, et les O'Dwyer devaient être indemnisés pour la perte de leur maison. J'ai réfléchi à mes plans, j'ai rassemblé tous les commerçants de notre petite armée et je les ai mis au travail. En quelques jours, la maison fut réparée et ne paraissait pas plus mal.

Soit dit en passant, les Black and Tans se sont vengés plus tard plus efficacement que l'explosion des grenades.

La maison d'O'Dwyer était désormais interdite à mon travail, mais en très peu de temps j'en obtins une autre d'un bon homme typique de Tipperary, Jer. O'Connell. Ici, j'ai eu plus de succès parce que j'ai pris plus de précautions dans mon travail. Je me suis gardé d'une autre explosion ; mais d'autres circonstances nous obligent à l'évacuer au bout de quelques mois.

Durant notre séjour dans cette maison, notre état était loin d'être heureux. Nous n'avions aucun confort corporel. Nous n'avions ni lit ni couvre-lit et, pire encore, nous n'avions pas d'argent pour les acheter. Nous avons obtenu un prêt de quelques couvertures auprès de voisins et nous avons réquisitionné de la paille auprès du fermier le plus proche. Nous avons d'abord étalé la paille sur le sol et l'avons recouverte d'une couverture. Nous avons ensuite étalé sur nous un grand nombre de vieux journaux (que nous récupérions soigneusement chaque jour), et par-dessus nous avons placé notre deuxième couverture. Le papier était excellent pour nous garder au chaud, et en ne changeant pas d'une position, nous dormions généralement environ trois heures. Dès que nous avons bougé, le papier s'est déchiré et le froid s'est rapidement propagé. Un inconfort encore plus grand que celui de notre lit était causé par la présence de souris ! Les petits mendiants étaient très nombreux et très audacieux. Plusieurs nuits, nous étions réveillés par leurs grignotages de cheveux. Chaque fois que je protestais, en actes comme en paroles, Sean Treacy plaidait : « Ah, les pauvres petites créatures ! Autant être heureux quand nous ne le pouvons pas. Ne sois pas en colère contre eux, Dan, même s'ils prennent un peu de tes cheveux noirs. J'ai soutenu qu'il suffisait que les éplucheurs nous poursuivent et que si les souris avaient un peu de décence, elles devraient nous laisser tranquilles.

Pendant quelque temps , les choses se sont bien déroulées et notre travail a progressé agréablement. Puis mon partenaire, Keogh, m'a quitté et j'ai été rejoint par Sean Hogan, dont la vie pendant les cinq années suivantes allait être très étroitement liée à la mienne.

Les deux Sean et moi semblions n'avoir qu'un seul esprit : je n'ai jamais eu de différend avec Hogan jusqu'à ce jour, et je n'ai jamais eu un mot de colère contre mon cher vieux camarade, Sean Treacy, jusqu'au jour de sa mort.

C'est lors de notre séjour dans la maison d'O'Connell que nous avons été rejoints par Seumas Robinson, élu plus tard député d'East Tipperary et de Waterford. Robinson, qui avait vécu une bonne partie de sa vie à Glasgow, devint immédiatement un ami rapide. Nous quatre – Treacy, Hogan, Robinson et moi – semblions parfaitement équilibrés en termes de tempérament, d'âge, de perspectives et d'espoirs. Nous avons élaboré de nombreux projets ambitieux et rêvé de nombreux rêves d'une Irlande libre pour laquelle seule nous vivions et travaillions désormais.

Après quelques mois, Jer. O'Connell nous a donné un préavis de démission. Nous n'avions aucun droit de locataire, aucune loi protectrice du Parlement et aucune autre alternative que de partir. Etant « en fuite », nous n'osons pas chercher un logement de manière ordinaire, même si nous avions de l'argent pour payer. Les peelers connaissaient chaque recoin de leur quartier et étaient toujours à la recherche d'Irlandais connus pour leur peu d'amour pour la domination anglaise.

Mais la chance est venue à notre secours.

Certains cousins de Sean Hogan possédaient une petite laiterie ou une dépendance qu'ils mettaient généralement à notre disposition. Ici, nous jouissions du luxe du lit, des vêtements et d'autres petits conforts, mais nos repas étaient rares. J'ai moi-même vécu pendant deux semaines à la « Laiterie » avec du riz bouilli dans l'eau, sans sucre ni lait. Cette vie sobre n'était pas nouvelle pour moi. Pendant des mois, pendant que je m'organisais, je jeûnais de petit-déjeuner en petit-déjeuner, et plusieurs nuits, je marchais trente kilomètres pour trouver un lit, ou même pour me mettre au lit.

La « Laiterie » n'a pas échappé à l'attention de l'ennemi, qui lui a donné par la suite le nom de « La Maison en fer blanc ».

Nous étions terriblement handicapés par manque d'argent ; non pas certes pour le confort personnel, qui nous dérangeait rarement, mais pour nous déplacer.

À une occasion, Sean Treacy et moi sommes allés à Dublin à vélo pour récupérer des armes. Nous n'avions pas d'argent pour payer les billets de train et il était essentiel que nous arrivions à Dublin avant 18 heures un lundi soir particulier. Il y avait une réunion du Conseil de brigade fixée pour dimanche soir, à laquelle nous devions assister. Cela signifiait que nous ne pouvions quitter Tipperary que vers 8 heures lundi matin. Nous avons parcouru les 110 milles et sommes arrivés à Dublin à temps. Bien sûr, nous avions très faim, mais une fois arrivés chez notre bon ami Phil Shanahan – lui-même un homme de Tipperary, et plus tard député républicain de Dublin – tous nos ennuis ont disparu. Ensuite et après, nous n'avons jamais manqué de quoi que ce soit pendant que Phil était là.

Nous devions rester à Dublin jusqu'au samedi suivant avant de pouvoir conclure nos affaires. Ici une autre difficulté surgit. Nous devions rentrer à Tipperary pour une réunion des officiers le même samedi à 18 heures. Nous avons quitté la maison de Phil Shanahan à 8 h 30 du matin. Nous transportions six revolvers, cinq cents cartouches de calibre .303 (fusil) et une demi-douzaine de grenades, et nous étions les deux seuls à être ponctuels à la réunion.

CHAPITRE V.
LE GLISSEMENT POLITIQUE.

En décembre 1918 eut lieu l'événement qui donna aux Volontaires irlandais la sanction morale pour leurs activités ultérieures : les élections générales.

Il est important de garder à l'esprit la situation à ce moment-là. Aucune élection générale n'a eu lieu en Irlande depuis sept ans. Entre-temps, la grande majorité de la population avait complètement changé d'avis. Ils n'avaient plus aucune confiance en l'Angleterre, ni dans l'efficacité d'envoyer leurs cent représentants au Parlement britannique, où ils étaient une minorité impuissante et où leurs voix étaient à peine entendues. La trahison de l'Angleterre sur la question du Home Rule et sa menace de conscription lui avaient coûté cher. Mais la plus grande force de ce réveil fut le soulèvement de 1916. Cet épisode avait insufflé une nouvelle vie et un nouveau cœur au peuple. Les élections partielles, dont j'ai déjà parlé, ont donné au peuple sa seule occasion, jusqu'à présent, d'exprimer son désir croissant de liberté, complète et sans entrave.

Le 11 novembre 1918, la Grande Guerre se termine pratiquement par l'Armistice. Une semaine plus tard, il a été annoncé que les élections générales, longtemps retardées, étaient fixées au 14 décembre. Le Sinn Fein a eu son opportunité, car cette élection devait être la première organisée sous la Constitution britannique sur la base du suffrage masculin, et nous savions bien que les jeunes hommes irlandais voteraient massivement pour notre cause.

Mais il a fallu éduquer et organiser. Le nom et la politique du Sinn Fein étaient encore largement mal compris. Le public n'a pas clairement compris la différence entre le corps politique, le Sinn Fein, et l'organisation militaire, les Volontaires irlandais. L'insurrection de 1916 était communément appelée « la montée du Sinn Fein » et nos volontaires étaient appelés les « volontaires du Sinn Fein ». Même le drapeau tricolore républicain – le vert, le blanc et l'orange du parti de la Jeune Irlande de 1848 et des Fenians de la génération suivante – était appelé le « drapeau du Sinn Fein ». Mais les erreurs d'appellation ne nous ont pas beaucoup dérangés, car le Sinn Fein avait ajusté son programme pour l'adapter aux idéaux républicains. Et maintenant, lorsque les clubs Sinn Fein surgissaient dans chaque paroisse, il était tout à fait courant de constater que le président ou le secrétaire du club était également capitaine du corps des volontaires locaux. La majorité des jeunes hommes de l'organisation politique du Sinn Fein étaient également des volontaires ; et les Volontaires étaient également membres du club Sinn Fein.

Pendant la période électorale, le Sinn Fein est devenu fou. Nous avions la plupart des membres du clergé avec nous, et le sérieux et l'enthousiasme de nos conférenciers et organisateurs ont balayé le pays. L'aile politique de la cause républicaine s'est répandue comme une traînée de poudre ; mais notre armée diminuait peu à peu. Tandis que nous déplorions ce déclin du côté militaire, nous voyions la nécessité de faire un énorme succès aux élections, dans l'espoir de redonner à notre armée ses effectifs adéquats une fois les élections terminées. Nous nous sommes donc jetés corps et âme dans la compétition et avons travaillé nuit et jour pour les candidats républicains. Nous n'avons pas laissé de mur mort ni de carrefour dans le pays que nous n'ayons décoré d'appels au « Ralliement au Sinn Fein », « Votez pour la République », « Soutenez les hommes de 1916 ». Tels furent les appels au rassemblement adressés au peuple durant ces quelques semaines critiques. Aucun secret n'a été fait sur notre politique. Chaque républicain s'était engagé à ne jamais siéger au Parlement britannique, mais à travailler chez lui en Irlande pour l'établissement et la reconnaissance de la République.

Nous avons retiré beaucoup de plaisir de l'élection. Hélas! Beaucoup de ceux qui travaillaient le plus dur à cette époque sont morts depuis. Nos travailleurs à Tipperary comprenaient Dinny Lacy, tué pendant la guerre civile dans son comté natal ; Sean Duffy et Paddy Maloney (dont le père était notre candidat retenu), tués plus tard lors d'un affrontement avec les Britanniques non loin de Soloheadbeg ; Sean Allen, qui a été exécuté par les Britanniques dans la prison de Cork ; « Sparkie » Breen, également tué pendant la guerre civile. Mais ces souvenirs ne font que rappeler les braves gens que nous avons perdus. Quoi qu'il en soit, nous avons remporté tous les sièges à Munster, à l'exception de Waterford City. Le Leinster et le Connaught s'en sont également bien sortis, et en Ulster nous avons remporté plusieurs sièges. Le résultat net fut que sur cent cinq circonscriptions, soixante-treize avaient renoncé à la domination britannique et opté pour une République irlandaise.

Un mois plus tard, le 21 janvier 1919, ces élus de la grande majorité du peuple irlandais se réunissaient en séance publique à Dublin ; a officiellement proclamé la République et établi un gouvernement . Le même jour et presque à la même heure, notre petite poignée de Volontaires portait le premier coup depuis le rejet formel de l'autorité britannique par le peuple. Mais laissez-moi vous expliquer comment cela s'est produit.

Scène d'embuscade de SOLOHEADBEG.

Après les élections, nous avons eu plus de temps pour revoir notre position. Les résultats avaient clarifié les choses ; le peuple nous avait, par un verdict écrasant, donné la sanction morale nécessaire pour chasser les forces britanniques d'Irlande. Mais le travail électoral a eu de graves conséquences sur notre armée. Beaucoup ont cessé d'être soldats et sont devenus hommes politiques. Il y avait un danger de désintégration, danger qui s'était accru depuis que la menace de la conscription avait disparu quelques mois plus tôt. J'étais convaincu qu'une certaine sorte d'action était absolument nécessaire. J'ai discuté à maintes reprises de la question avec Sean Treacy. Je savais que si nous leur montrions un jour le chemin, nous pourrions compter sur de nombreux bons gars sur lesquels nous pourrions compter. Plus tôt que prévu, l'opportunité s'est présentée.

Permettez-moi de présenter à mes lecteurs le premier récit authentique de l'affaire connue sous le nom de « l'épidémie de Soloheadbeg » ou, comme la presse hostile l'a constamment intitulé « les meurtres de Soloheadbeg » ; car ceux qui lisent les versions journalistiques de notre lutte contre l'Angleterre doivent garder à l'esprit que tous les journaux d'Irlande étaient hostiles à notre politique et le sont restés jusqu'à la fin, même si quelques-uns d'entre eux ont perdu leur amertume à notre égard à mesure que la campagne progressait. Il faut également se rappeler que même après la fin de la « Grande Guerre », la censure britannique de la presse s'est poursuivie en Irlande pendant plus d'un an.

CHAPITRE VI.
SOLOHEADBEG.

Au début de janvier 1919, nous avons reçu des informations selon lesquelles une quantité d'explosifs devait être transportée à la carrière de Soloheadbeg pour des fins de dynamitage. Le chargement, nous le savions, serait gardé par des policiers armés, comme c'était toujours la règle à cette époque.

J'en ai parlé à Sean. "Voici notre chance", dis-je, "commençons la guerre bientôt, sinon l'armée perdra courage." Je savais que nous n'avions qu'un très petit nombre d'hommes suffisamment déterminés pour un tel travail, mais je savais aussi que ce nombre augmenterait avec le temps ; et, de toute façon, c'est la qualité, et non la quantité, qui compte dans la guérilla.

Nous avons longuement discuté de la proposition. Finalement, nous avons décidé de désarmer le garde et de saisir les explosifs car, comme Sean l'a dit, nous n'avions rien d'autre dont nous avions besoin à ce moment-là que d'armes et d'explosifs. Nous avons fait une étude minutieuse de la localité. Nous avons choisi l'endroit pour notre première embuscade. Nous connaissions chaque centimètre carré du terrain, nous étions nés et avions grandi dans les environs et la ferme de Sean n'était pas à un jet de pierre de la carrière.

Soloheadbeg est une petite ville située à environ trois kilomètres et demi de la ville de Tipperary et à moins d'un kilomètre de Limerick Junction. La carrière se dresse sur une éminence au bord d'une petite route secondaire. Des fermes et des cottages sont disséminés ici et là dans le quartier, bien qu'il n'y ait pas de village plus proche que Donohill, distant d'un mile et demi. C'est dans cette plaine, éclipsée par la silhouette gigantesque de Galteemore au sud, que Brian Boru et son frère Mahon livrèrent leur première grande bataille contre les Danois en 968, lorsque Brian et sa vaillante armée d'hommes de Tipperary et d'hommes de Clare mirent en déroute les envahisseurs, et n'a jamais cessé la poursuite jusqu'à ce qu'il atteigne Limerick à vingt milles de là et brûle la ville au-dessus de leurs têtes. L'aile droite de son armée a balayé les collines où se trouve aujourd'hui la carrière, alors que les Danois vaincus s'enfuyaient vers leur forteresse.

La carrière elle-même se trouve à droite, au bout de la petite route. Il y a un fossé élevé de chaque côté de la route par laquelle on y accède depuis Tipperary, et ici et là se trouve la couverture supplémentaire offerte par d'épais buissons d'épines blanches. Je dois expliquer que ce que nous appelons un « fossé » à Tipperary est en réalité une berge, ou une digue.

Malheureusement, nos informations concernant la date d'arrivée des explosifs n'étaient pas tout à fait exactes. Nous l'attendions le 16 janvier, mais il n'est arrivé que cinq jours plus tard. Pendant ces cinq jours, nous attendîmes, prêts à tenter notre chance. Nos hommes avaient quitté leurs foyers sans donner aucune indication sur leurs projets. Au bout de trois jours, j'ai dû tous les renvoyer chez eux, sauf huit. Nous n'avions ni provisions pour les nourrir, ni argent pour les acheter.

Et donc les neuf d'entre nous qui restaient regardaient et attendaient. Les hommes qui étaient avec moi étaient : Sean Treacy, Seumas Robinson, Sean Hogan, Tim Crowe, Patrick O'Dwyer, de Hollyford ; Michael Ryan, de Grange (Donohill); Patrick McCormick et Jack O'Meara, Tipperary.

Notre principale préoccupation, pendant ces jours d'attente, était d'éviter d'attirer l'attention. Nous ne voulions être vus par aucun des habitants de la localité. Ils étaient presque tous employés à la carrière, et comme les temps étaient alors assez perturbés, toute nouvelle selon laquelle des étrangers traînaient dans le quartier aurait pu bouleverser complètement nos plans. Chaque matin, avant le lever du jour, nous nous rendions le plus silencieusement possible à notre cachette, pour y rester à l'abri, mais toujours en alerte, tandis qu'un des nôtres servait d'éclaireur depuis la route secondaire jusqu'à la route principale de Tipperary, le long de laquelle le les éplucheurs devaient s'approcher. Là, nous avons attendu en silence jusqu'à 14 heures, puis nous avons abandonné notre position, sachant qu'ils ne viendraient pas plus tard, car ils aimaient être de retour en ville avant la tombée de la nuit. Nous avons passé la nuit chez moi, où ma mère préparait le petit-déjeuner chaque matin vers 4 heures. Le cinquième matin, elle déclara : « Si vous ne faites rien aujourd'hui, vous pourrez prendre votre propre petit-déjeuner demain. »

Vint enfin le matin fatidique du 21 janvier 1919, jour qui devait voir notre pays se réjouir de la première réunion du Parlement irlandais, le premier Dail Eireann instituant le gouvernement de la République et envoyant son message au peuple libre. nations de la terre.

Nous avions pris place derrière le fossé et avions passé de nombreuses heures à attendre et à observer. Nous discutions tranquillement du grand événement qui devait avoir lieu à Dublin ce jour-là. Notre éclaireur était parti, les yeux fixés sur la route de Tipperary . Soudain, notre conversation fut interrompue par notre éclaireur. Se précipitant vers nous depuis son poste d'observation, les yeux pétillants de la lumière de la bataille et un sourire sinistre sur le visage, il murmura le mot d'avertissement : « Ils arrivent, ils arrivent !

Tout le monde connaissait son poste. Pendant des jours, nous n'avions pensé à rien d'autre qu'à la situation dans laquelle nous nous trouvions actuellement. Si l'un d'entre nous se sentait nerveux ou excité, il n'en montrait aucun signe extérieur. Comme un éclair, chaque soldat occupait son poste. Notre heure d'épreuve était proche ; nous devions affronter l'ennemi, avec la vie ou la mort en jeu. Et incidemment, nous allions ouvrir une nouvelle phase dans la longue lutte pour la liberté de notre pays.

Notre éclaireur était de nouveau en alerte et il revint de nouveau faire son rapport. Cette fois, il nous a donné la distance réelle et il nous a indiqué leur numéro.

de plus en plus . Dans l' air encore clair , nous entendons le bruit des sabots des chevaux et le grondement d'une lourde charrette sur la route accidentée et vallonnée.

Ce jour-là, je n'ai pas ressenti le même sang-froid que je m'efforçais ensuite de développer. Mes nerfs étaient très tendus ; J'ai réalisé ce que nous faisions et j'ai prévu les conséquences de la réussite ou de l'échec de nos plans.

Nous avions affaire à des hommes entraînés au maniement des armes à feu, particulièrement disciplinés pour des situations d'urgence comme celle-ci. Selon toute vraisemblance, ils venaient tout juste de terminer le cours spécial de lancer de bombes, récemment ajouté aux acquis du RIC. Ma petite escouade avait peu d'expérience dans l'usage pratique des armes à feu. Nous n'avions jamais été en mesure de tirer une seule balle avec une cartouche à bille pour le plaisir de nous entraîner. Nous nous étions souvent moqués de ce manque d'expérience et avions évoqué en plaisantant les conséquences probables si nos nerfs devenaient nerveux lorsque le moment réel arrivait. Mais nous avons toujours écarté ces craintes vaines et maintenu un extérieur calme et joyeux, nous consolant avec la pensée : « De toute façon, nous sommes Irlandais, et tous les Irlandais sont des combattants par nature. »
Mais maintenant, l'heure était venue. De mon point d' observation , j'ai jeté un coup d'œil rapide sur la route alors que le groupe approchait. Le chauffeur et l'employé du Conseil départemental qui devait récupérer les explosifs marchaient à côté des chevaux. Deux policiers en uniforme noir étaient également à pied, un fusil à la main. Ils étaient à une petite distance derrière la charrette.
Juste un instant avant, le sang coulait follement dans mes veines ; maintenant, quand je les voyais à portée de main, toute ma nervosité disparut et je me sentais à nouveau frais et fort. Je pensais pouvoir combattre seul une douzaine de ces forces ennemies. Car les hommes qui approchaient maintenant avaient déserté leur pays et étaient les espions et les mercenaires de son ennemi. Ils se rapprochent encore. Ils parlent à voix basse. Ils sont presque dans l'ombre de nos revolvers.

"Les mains en l'air!" Le cri vient de nos hommes comme d'une seule voix. "Les mains en l'air!" Mais non! Ils s'emparent de leurs fusils et, avec le meilleur mouvement militaire, les mettent prêts. Ils étaient également Irlandais et préféraient mourir plutôt que de se rendre.

à maintes reprises de lever la main. Nous aurions préféré qu'ils se rendent sans effusion de sang, mais ils étaient tenaces et têtus, et maintenant c'était notre vie ou la leur.

Leurs doigts étaient sur les gâchettes. Un nouvel appel de notre côté serait inutile – peut-être trop tard pour nous.

Vives et sûres, nos volées retentirent. Le but était vrai. Les deux policiers étaient morts.

CHAPITRE VII.
NOTRE ÉVASION.

C'est alors que commença notre carrière de véritable enthousiasme. Si nous avions désarmé la police sans tirer un seul coup de feu, la chose n'aurait pas été si grave. Mais les coups de feu avaient alarmé la campagne. En un instant, des hommes et des femmes apparaîtraient à chaque porte. Sur le bord de la route se trouvaient les deux civils terrifiés, James Godfrey, le conducteur de la charrette, et Patrick Flynn, l'employé du conseil départemental. D'ici une heure, des centaines de policiers et de militaires parcourraient la campagne à notre recherche. Dès lors, j'ai compris que nous allions être des rappés hors-la-loi et que nos têtes seraient mises à prix.

Mais il était temps d'agir. Nous avons saisi les fusils et le matériel de la police, sommes montés sur la charrette et sommes repartis avec notre butin. Le chariot contenait plus de cent poids de gelignite, mais trente détonateurs électriques que Flynn avait dans sa poche nous échappèrent, comme nous l'apprîmes une semaine plus tard.

Jamais un pauvre cheval n'a été appelé à rendre un service aussi vaillant dans un élan pour la vie et la liberté. Sean Hogan tenait les rênes ; Sean Treacy et moi étions assis derrière. Les autres membres du groupe avaient reçu l'ordre de s'échapper dans des directions différentes, et tous se sont enfuis.

Nous avons continué notre route, poussant notre pauvre cheval à aller plus vite, tandis que les écoliers et les ouvriers agricoles nous regardaient avec étonnement tandis que nous passions.

Nous nous dirigions vers Donaskeigh. Pendant une grande partie de notre voyage, aucun mot n'a été prononcé. Treacy fut le premier à briser le silence. Il parlait sur le même ton froid qu'il aurait pu utiliser s'il était assis autour d'un feu et discutait d'une partie de cartes.

« Tu te souviens, Dan, quand nous parlions des explosifs ? Le livre dit qu'ils sont dangereux s'ils sont gelés ou s'ils sont secoués ?

Ce rappel n'a pas ajouté à notre tranquillité d'esprit, car si jamais des explosifs étaient secoués, les nôtres le faisaient. La route était difficile et inégale ; des tas de pierres éparpillées étaient éparpillées le long du chemin ; la charrette était du type ordinaire de ferme , lourdement et grossièrement construite, et sans ressorts.

Mais il nous fallut continuer jusqu'à atteindre l'endroit où nous avions décidé de cacher notre butin. Là, nous avons rapidement déposé la gelignite, le tout sauf deux bâtons que j'ai gardés pour leurre. Je les ai jetés sur le bord de la route, à l'endroit où nous avons finalement abandonné le cheval. Pendant des mois plus tard, jour après jour, la police et les soldats ont marché sur notre abri, mais ne l'ont jamais découvert. Ils avaient été trompés par les deux bâtons lâches et se réchauffaient en creusant des tranchées dans tout le pays, mais leurs recherches étaient vaines.

Lorsque nous eûmes caché le butin, nos ennuis commencèrent. Le pauvre vieux cheval ne pouvait pas aller plus loin. Nous n'avions d'ailleurs aucune envie de le retenir plus longtemps, car il ne ferait que fournir à l'ennemi un indice pour nous mettre plus tard sur notre piste. Nous l'avons laissé sur le bord de la route et sommes partis. Quelques heures plus tard, ce quartier fut parsemé de silhouettes kaki, car le cheval fut retrouvé ce soir-là à Aileen Bridge, à environ six kilomètres de la ville de Tipperary, sur la route principale menant à Thurles.

Des difficultés apparaissaient désormais sous nos yeux. Tipperary n'était plus en sécurité. La météo était contre nous. Nous étions fatigués par l'excitation de la journée et le suspense des jours précédents, mais nous ne parvenions pas encore à penser au repos avant longtemps. Le temps était extrêmement froid et, pour aggraver la situation, il s'est mis à neiger. Non seulement cela ajoutait à nos difficultés, mais il y avait aussi le danger que si la neige s'accumulait, nous puissions être facilement retrouvés.

A Ryan's Cross, près d'Aileen Bridge, nous avons abandonné le cheval. Puis nous avons tourné à droite. Auparavant, nous allions vers le nord, mais maintenant nous sommes allés vers le sud-est, et progressivement vers le sud, vers l'endroit où les montagnes Galtee nous dominaient. Nous avons parcouru quarante milles à travers ces montagnes et ces vallées, car, comme beaucoup avant nous, nous sentions qu'elles nous donneraient espoir et abri. Depuis que Geoffrey Keating a écrit sa célèbre *Histoire* lorsque sa tête était mise à prix, les montagnes Galtee et le Glen of Aherlow ont été le premier refuge du criminel de Tipperary.

Nous avions parcouru quatre milles après avoir quitté le cheval lorsque nous avons pris notre premier repos chez Mme Fitzgerald, de Rathclogheen, près de Thomastown. Là, nous avons pris notre premier repas carré depuis que ma mère nous avait donné le petit-déjeuner tôt ce matin-là, et nous avons apprécié de bon cœur le jambon, les œufs et le thé que notre hôtesse nous avait servis. C'est dans cette maison qu'est né notre célèbre compatriote, le père Mathew.

Mais nous n'avions pas le temps de nous attarder ; il nous restait encore beaucoup de kilomètres à parcourir entre nous et Soloheadbeg. Nous reprenons notre route vers les montagnes. À Keville's Cross, nous avons traversé Cahir et Tipperary Road. Le froid était âpre et le vent perçant. Les seuls autres êtres vivants que nous avons vus à l'air libre étaient deux chèvres de montagne, enchaînées près du carrefour. Plusieurs fois, nous nous sommes égarés par la suite. Nous n'osons pas visiter une étrange ferme au bord d'un chemin, car à cette époque les gens n'avaient pas appris à se taire. À un moment donné, Sean Treacy est tombé dans un égout d'une vingtaine de pieds de profondeur et nous avons cru qu'il avait été tué. Lorsque nous l'avons fait sortir, nous avons constaté qu'il était un peu plus mal à cause de sa chute, et il nous a assuré qu'il tirerait un autre coup de feu avant de rendre son arme. Nous avons continué notre route vers le sommet. Un jour, alors que nous avions traversé le Glen et escaladé les pentes accidentées de Galteemore depuis le côté de Tipperary, nous avons perdu nos repères au sommet. Au plus fort de l' été, il fait assez frais à Galteemore. Vous pouvez imaginer ce que nous avons ressenti ce soir-là au cœur de l'hiver. Il nous avait fallu trois heures pour grimper, mais après tous nos efforts, nous sommes retournés vers les deux chèvres, de retour à notre point de départ. Désespérés, nous abandonnâmes tout espoir de traverser la montagne. Comme le disait alors Sean Hogan, « c'est très bien pour les poètes assis dans des fauteuils au coin du feu d'écrire sur les beautés des montagnes, mais s'ils devaient les escalader comme nous l'avons fait, affamés et froids, ils ne seraient pas d'humeur. pour apprécier les beautés de la nature.

De retour à Keville's Cross, nous décidâmes d'un nouveau plan. Nous traversâmes la voic ferrée et décidâmes de faire face à Cahir. C'était une chance que nous l'ayons fait. Nous n'avions pas parcouru bien des kilomètres le long de la ligne lorsque nous avons aperçu les phares des camions militaires qui parcouraient les routes à notre recherche. Si nous avions été sur la route, nous n'aurions jamais pu les éviter.

Un chemin de fer est une route fastidieuse à parcourir, même en temps ordinaire. Pour nous, dans notre état cette nuit-là, c'était cruel. Il fallait pourtant continuer. Une fois dans l'obscurité épaisse, j'aperçus une silhouette noire quelques pas devant moi. Je marchais devant et j'ai immédiatement levé mon revolver en disant « les mains en l'air ! » La silhouette est restée immobile, s'étant apparemment arrêtée à mon ordre. J'ai avancé, mon arme toujours pointée, et je suis entré dans un panneau ferroviaire avec l'avertissement : « Les intrus seront poursuivis. Aussi malheureux que soit notre sort, les garçons ont ri de mon erreur et j'ai dû rire moi-même avec eux.

Un peu plus loin, Sean Hogan nous demande de nous arrêter un instant, car sa botte semble lâche. Sean Treacy a noué le lacet, mais il n'a pas voyagé beaucoup plus loin jusqu'à ce qu'il se plaigne à nouveau qu'il était lâche. Sean s'est arrêté pour l'examiner et a constaté que toute la botte était pratiquement usée par les rochers et les rochers. Il ne restait qu'un peu de semelle et la partie lacée de la tige.

Tout le temps, Sean Treacy essayait d'empêcher notre moral de s'effondrer. Plusieurs fois, nous lui avons demandé combien de temps il restait à Cahir, et nous avons toujours obtenu la réponse : « au prochain tournant de la route ». Il avait raison, bien sur; mais comme la route et le chemin de fer qui lui est parallèle forment une ligne droite presque parfaite sur trois milles, le prochain virage était loin. De temps en temps , nous étions si épuisés que nous avions l'habitude de nous lever et d'appuyer notre tête contre le fossé au bord de la voie ferrée pour dormir - ou ce que nous nous persuadions être un sommeil - pendant cinq minutes.

enfin à Cahir. Nous étions désormais aussi proches de l'effondrement absolu que les hommes pouvaient l'être. Nous devenions désespérés. Pour la première fois, nous avons dû assumer cette froideur extérieure et prendre ce risque qui est devenu plus tard presque une partie de notre routine quotidienne. Nous avons traversé la ville de Cahir, une ville de garnison située sur la route principale allant de Limerick à Clonmel et Waterford, et à seulement quinze milles de Soloheadbeg. Mais il fallait prendre le risque. Notre sang était presque figé par le froid, nous avions terriblement faim et il ne restait plus que peu de vie en nous. Mais nous connaissions un bon ami sur qui nous pouvions compter pour nous abriter une nuit. Cette amie était Mme Tobin, de Tincurry House, près de Cahir. Je n'oublierai jamais sa gentillesse envers nous cc soir-là et envers les autres garçons plus tard. Les Britanniques ont ensuite bombardé et détruit la maison en plein jour en « représailles officielles » pour la fusillade de l'inspecteur de district Potter, incident auquel je reviendrai dans un chapitre ultérieur.

Nous nous sommes couchés la première fois pendant une semaine. Nous étions tous les trois dans la même situation. L'excitation, le froid et l'épuisement se combinent pour nous rendre le sommeil impossible. Mais nous restâmes immobiles pendant quatre heures, et ainsi nous trouvâmes un peu de repos pour nos membres fatigués.

Nous nous sommes levés pleins d'anxiété en apprenant la nouvelle. Depuis que nous avons quitté Soloheadbeg, nous n'avions parlé à personne et n'avions pas vu de journal. Effectivement, il y a eu de gros titres à sensation, comme nous l'avions prévu, annonçant « l'indignation de Tipperary », « un crime effrayant », « le meurtre de deux policiers », et ainsi de suite. Nous avons également vu un compte rendu de l'enquête sur les hommes morts, les gendarmes McDonnell et O'Connell. La plupart des informations sur l'incident étaient absolument fausses, comme cela a souvent été le cas par la suite. Nous avons également appris que deux jeunes hommes avaient été arrêtés pour suspicion, mais qu'aucun d'eux n'avait rien à voir avec cette affaire, et ils ont été relâchés au bout de quelques jours. Deux écoliers de la localité, Matthew Hogan, âgé de quinze ans, frère de Sean ; et Timothy Connors, onze ans, ont également été arrêtés par les Britanniques, alors qu'ils étaient censés nous avoir vus. Le père du garçon Connors était un ouvrier employé dans la ferme de la mère de Sean Treacy. Les deux garçons ont été détenus pendant des mois dans le but de les amener à donner des informations et, dans le cas de Connors, une vaste action en justice s'est ensuivie, qui a abouti à un verdict contre le commandant du quartier général du RIC pour détention illégale.

POLICE NOTICE.

£1000 REWARD

WANTED FOR MURDER IN IRELAND.

DANIEL BREEN

(calls himself Commandant of the Third Tipperary Brigade).

Age 27, 5 feet 7 inches in height, bronzed complexion, dark hair (long in front), grey eyes, short cocked nose, stout build, weight about 12 stone, clean shaven ; sulky bulldog appearance ; looks rather like a blacksmith coming from work ; wears cap pulled well down over face.

The above reward will be paid by the Irish Authorities, to any person not in the Public Service who may give information resulting in his arrest.

Information to be given at any Police Station.

S.O. 14591. (G. 46). 5,000. 11.20.—A. T. & Co., Ltd.

AVIS DE POLICE.

RÉCOMPENSE DE 1 000 £

RECHERCHÉ POUR MEURTRE EN IRLANDE.

DANIEL BREEN

(se fait appeler commandant de la troisième brigade de Tipperary).

27 ans, 5 pieds 7 pouces de hauteur, teint bronzé, cheveux foncés (longs devant), yeux gris, nez court et pointu, corpulence robuste, poids environ 12

pierres, rasé de près ; apparence de bouledogue boudeur; on dirait plutôt un forgeron venant du travail ; porte une casquette bien baissée sur le visage.

La récompense ci-dessus sera versée par les autorités irlandaises à toute personne ne faisant pas partie de la fonction publique qui pourrait fournir des informations entraînant son arrestation.

Information à donner dans n'importe quel commissariat.

OS 14591. (G. 40). 5 000. 11.20.—AT & Co., Ltd.

Entre-temps, notre épisode de Soloheadbeg avait produit ses premiers effets. South Tipperary, soit la moitié du comté, a été proclamée « zone militaire ». Cela, à toutes fins pratiques, signifiait la loi martiale. Les foires, marchés et réunions étaient interdits ; des renforts militaires furent précipités dans le district et des garnisons furent établies dans des villages qui n'avaient jamais abrité un soldat britannique auparavant. Jour et nuit, ils patrouillaient sur les routes et parcouraient les champs. Notre petite bande avait démasqué l'Angleterre. Elle devait maintenant s'exprimer publiquement et montrer au monde qu'elle tenait l'Irlande par la force nue, et par la seule force.

Nous avons également appris qu'une récompense de 1 000 £ était offerte pour toute information permettant de nous capturer. Quelques mois plus tard, cette offre a été portée à 10 000 £. Personne ne l'a gagné ni même tenté de le gagner, à l'exception de quelques membres du RIC. Ils ont échoué et la plupart d'entre eux n'ont jamais essayé une seconde fois.

Tels sont les faits clairs et sans fard concernant les premiers coups de feu tirés après l'insurrection de 1916. Ces coups de feu étaient les premiers d'une série qui devaient ramener le nom de l'Irlande devant le monde et inciter les nations à regarder avec admiration le combat de l'Irlande. pour la liberté.

CHAPITRE VIII.
AIDÉ PAR LES BRITANNIQUES.

Nous avons passé deux nuits chez Mme Tobin. Ensuite nous sommes allés chez Ned McGrath, de Tincurry, et de là nous avons été emmenés par Ned chez Gorman, de Burncourt Castle. Nous nous sommes ensuite arrangés pour aller chez Ryan's de Tubrid et avons fait savoir qu'ils pourraient nous attendre. Mais après avoir envoyé un message, nous avons changé d'avis et ne sommes pas allés à Tubrid ; et heureusement que c'était pour nous – ou pour quelqu'un d'autre. Juste au moment où nous nous attendions à y arriver, la maison a été encerclée par huit éplucheurs et Ryan lui-même a été arrêté.

Nous avons décidé de continuer jusqu'à Mitchelstown dans le comté de Cork, à l'autre bout des Galtees. Nous avons passé une nuit chez O'Brien, de Ballagh, et pendant que nous y étions, une chose étrange s'est produite. Nous dormions à l'étage lorsque des voix étranges nous ont réveillés. Nous avons regardé dehors et avons vu plusieurs éplucheurs entrer dans la maison. Nous nous préparâmes aussitôt au combat, nous attendant à tout moment à les voir monter les escaliers. Mais ils ne sont jamais venus. Au bout de quelques minutes, ils partirent. Nous apprîmes alors que le but de leur visite était de vérifier si le propriétaire de la maison avait payé la licence pour ses chiens.

Finalement nous avons atteint Mitchelstown où nous avons rencontré Christie Ryan, qui nous a accueillis et nous a hébergés dans sa maison. Pendant que nous y étions, nous avons vu huit policiers armés passer la porte. Ils gardaient un petit paquet de poudre explosive. De toute évidence, l'affaire Soloheadbeg leur avait appris à ne prendre aucun risque, et ils avaient désormais quadruplé leur escorte.

Plus tard, nous sommes arrivés à East Limerick, où Ned O'Brien, de Galbally, nous a hébergés, puis nous avons voyagé plus loin jusqu'aux Maloneys, de Lackelly, théâtre d'une grande bataille avec les Britanniques deux ans plus tard. Nous sommes restés à Lackelly environ une semaine.

Mais vous devez comprendre notre position depuis tout ce temps, depuis l'affaire de Soloheadbeg. Nous étions toujours dans un rayon de dix milles autour des lieux. La police et l'armée parcouraient la campagne à notre recherche, fouillant les maisons, les fossés et les bois. Le clergé, le public et la presse avaient tous condamné notre action. Notre seule pensée consolante était que les hommes de 98, les Fenians de 67, puis les hommes de 1916 avaient été condamnés à leur époque, et nous savions que si la cause de ces hommes avait été justifiée, notre cause le serait également. parce que les écailles sont tombées des yeux des gens. Mais à l'heure actuelle, on n'entend presque pas un mot pour notre défense. Notre point de vue n'était même pas à écouter. Le peuple avait voté pour la République, mais maintenant il semblait avoir abandonné nous qui essayions de rapprocher cette République et qui l'avions pris au mot.

Nos anciens amis nous évitaient. Ils préféraient le salon comme champ de bataille et la résolution politique plutôt que le fusil comme arme. Nous avions entendu l'évangile de la liberté nous être prêché ; nous y croyions, nous voulions être libres et nous étions prêts à donner notre vie comme preuve de la foi qui était en nous. Mais ceux qui prêchaient l'Évangile n'étaient pas prêts à le mettre en pratique.

Même de la part des Volontaires irlandais ou de l'Armée républicaine irlandaise, comme on l'appelle désormais, nous n'avons reçu aucun soutien. Ned O'Brien et James Scanlan de Galbally, Paddy Ryan de Doon et Davy Burke d'Emly étaient certainement à nos côtés ; mais c'étaient des exceptions.

Lorsque la nouvelle de l'affaire Soloheadbeg fut rendue publique, une réunion fut effectivement convoquée dans la ville de Tipperary par un homme qui aurait dû être notre ami. Son objectif était de dissocier le Sinn Fein de l'incident et de nous dénoncer pour notre action. La réunion a cependant été annulée par un autre homme éminent. Un ecclésiastique local, dans un sermon dans lequel il nous dénonçait comme meurtriers, a déclaré qu'il était d'usage de dire : « Là où mène Tipperary, l'Irlande suit », mais il espérait que ce ne serait pas le cas dans le cas de Soloheadbeg, les hommes dont les responsables iraient, dit-il, dans leurs tombes avec la marque de Caïn sur le front. Telles étaient les choses qu'on disait de nous, mais nous maintenions notre cap.

Dans de nombreux endroits, on nous a refusé un abri une nuit où l'on ne voulait pas éteindre un chien. Je me souviens qu'un jour, nous étions assis dans une ferme au coin du feu lorsqu'on frappa bruyamment à la porte. Il faisait sombre et le fermier ne se souciait pas d'ouvrir sans savoir qui était dehors.

"Qui est là?" il a ordonné.

"Police!" vint la réponse rapide.

En même temps, nous dégainâmes nos revolvers. La porte s'ouvrit et un jeune fermier voisin entra, riant de bon cœur de sa tentative de plaisanterie. Avant que nous puissions ranger nos armes, le propriétaire de la maison les a observés. Immédiatement, son attitude à notre égard a changé. Il nous a informés catégoriquement qu'il ne permettrait pas à des hommes armés de rester sous son toit. Il faisait un froid glacial, mais nous avons dû sortir dans l'une des dépendances pour la nuit. Nous étions si détendus que nous avons dû emmener certaines vaches pour nous garder au chaud.

Nous devions continuer à marcher de paroisse en paroisse sans un sou en poche. Nos vêtements et nos bottes étaient presque usés et nous n'avions aucun changement. Beaucoup de ceux en qui nous pensions pouvoir avoir confiance ne nous laissaient pas dormir, même dans leurs étables.

Lorsque nous avons atteint le village de Dono, dans le comté de Limerick – encore à seulement sept milles de Soloheadbeg – nous avons de nouveau rencontré Seumas Robinson, et je n'ai pas besoin de dire que notre joie lors de ces retrouvailles était sans limites. Même si cela ne faisait que quelques semaines que nous nous étions séparés après le combat de Soloheadbeg, nous nous sentions tous comme des frères retrouvés après des années de séparation. Lorsque nous nous sommes rencontrés, nous avons continué notre marche nocturne, bras dessus bras dessous.

Pendant que nous étions dans ce quartier, Paddy Ryan, un commerçant local bien connu et un ancien travailleur de la cause de la liberté, s'est avéré pour nous un ami fidèle. Avec Seumas, encore une fois un membre de notre groupe, nous avons discuté des perspectives et des chances de convaincre les gens de s'engager dans « un bon combat debout » contre le vieil ennemi. Nous avons ensuite rédigé une proclamation ordonnant à toutes les forces ennemies de quitter South Tipperary. Nous l'avons envoyé à Dublin, mais An Dail et le quartier général ont refusé de nous laisser continuer. Nous n'avons jamais découvert la raison pour laquelle ils le faisaient. Notre position était la seule logique.

Refuser leur soutien a été un coup déjà assez dur, mais quelle a été notre horreur lorsque nous avons découvert que quelqu'un avait en réalité élaboré un plan pour nous envoyer en Amérique ! Nous n'avons pas été consultés du tout, mais on nous a dit calmement d'être prêts à naviguer dans quelques jours. C'était sûrement une pilule enrobée de sucre ! Un ordre d'expulsion déguisé, émanant de la source même qui devrait, s'il était cohérent, nous soutenir dans la guerre. Nous avons refusé de quitter l'Irlande. Nous leur avons dit que nous n'avions pas peur de mourir, mais que nous préférions vivre pour l'Irlande. Quitter l'Irlande équivaudrait à admettre que nous étions des criminels ou des lâches. Aujourd'hui plus que jamais, nous avons déclaré que notre place était en Irlande et que le combat de l'Irlande devait être mené par des Irlandais sur les collines et aux carrefours d'Irlande, et non avec l'encre d'un imprimeur en Amérique ou dans aucun autre pays. Cela a apparemment été considéré comme un manquement à la discipline. Nous étions membres d'un corps organisé et devions obéir à nos officiers supérieurs. Ils persistèrent dans leur projet de nous renvoyer et nous refusâmes, tout aussi obstinément, de partir. Finalement nous gagnâmes, mais à condition de rester à l'écart dans quelque coin reculé du pays. Nous sentions que nous pourrions également bientôt surmonter cette difficulté.

Pendant que ces petites disputes se déroulaient entre le GHQ et nous, nous souffrions intensément. Le temps froid et les déplacements fatigués et sans but nous ont mis à rude épreuve. Nous ne pouvions pas trouver de cheval pour nous transporter, même pour un voyage de quelques kilomètres. Nous avons dû marcher péniblement de champ en champ, parfois dans une direction, parfois dans une autre. La nature humaine commença enfin à s'affirmer. Pourquoi devrions-nous être traités ainsi ? Le ciel n'était-il pas ici aussi beau qu'ailleurs ?

De Doon nous sommes allés à Upperchurch, au nord de Tipperary. Nous y avons passé quelques jours avec Patrick Kinnane, membre d'une famille d'athlètes irlandais célèbres ; nous avons décidé que notre prochain lieu de repos serait Meagher's of Annfield. Nous avons fait savoir qu'ils s'attendaient peut-être à ce que nous arrivions à sept heures et demie du soir, alors qu'il ferait bien nuit. Nous quatre, accompagnés de Patrick Kinnane, avons marché le long de la route, discutant et profitant de l'air frais du printemps. Nous avons dû prendre notre temps en chemin, car Treacy a regardé sa montre et nous a rappelé que nous étions en retard, car il était maintenant près de huit heures. Soudain, au loin, nous avons aperçu quelque chose de blanc qui flottait dans l'obscurité. Nous nous sommes arrêtés. C'était le signal d'une fille qui essayait d'attirer notre attention.

Nous nous sommes cachés tous les quatre derrière une épaisse haie. La fille nous a vu et s'est approchée le long de la route. En passant devant l'endroit où elle nous avait vu nous cacher, elle murmura ces mots :

« Les éplucheurs sont à l'intérieur, ils font un raid !

Elle faisait partie des Miss Meagher qui s'étaient échappées sans que la police ne s'en aperçoive pour donner un avertissement, sachant par où nous arrivions.

De notre point d' observation , nous avons attendu de voir les forces de l'ordre britanniques partir vers leurs casernes. Ensuite, nous avons continué notre chemin et sommes entrés dans la maison qu'ils avaient pillée, où nous avons dégusté un agréable thé.

De Meagher's, nous sommes retournés vers le sud jusqu'à Leahy's de Boherlahan, la célèbre famille des lanceurs de Tipperary. Après cela, nous sommes allés chez Donnelly, de Nodstown, dans le même district, où nous avons tenu une réunion de notre conseil de brigade un dimanche soir. Avec nos collègues, nous avons discuté des projets d'opérations plus actives et avons rédigé la proclamation que nous avions rédigée ordonnant à toutes les forces armées britanniques de quitter South Tipperary sous peine de mort. Bien que le quartier général ait refusé leur sanction, nous avons décidé de le publier. Vers la fin du mois de février , il fut affiché dans plusieurs régions du comté. Les journaux l'ont publié avec des titres moqueurs. Cela semblait sans aucun doute un défi de taille à l'époque, mais les événements ultérieurs ont montré que nous voyions plus loin que ce que les journaux ou notre propre quartier général nous laissaient croire.

Après cette réunion, nous avons décidé de retourner vers le nord, en direction de Creany, en envoyant des nouvelles comme nous le faisions toujours. Nous avons envoyé un message à Patrick Kinnane pour qu'il nous rejoigne avec une voiture, et avons commencé notre longue marche dans la nuit lugubre.

À Upperchurch, nous avons été accueillis par Kinnane, Doherty et Patrick Dwyer, et nous nous sommes dirigés vers la maison de Murphy à Creany. Il était trois heures du matin lorsque nous arrivâmes à destination. Nous avons rarement souffert plus que cette nuit-là du froid et de l'exposition. Le temps était rude, même pour février, et la région était sauvage et montagneuse.

Quand nous sommes arrivés chez Murphy, nous avions terriblement faim. Murphy était un personnage formidable. Il était connu localement sous le nom de « chef de gare » – pourquoi, je ne sais pas, car la gare la plus proche était à quinze kilomètres de chez lui. Il nous préparait un bon repas composé de jambon fumé et d'œufs. Hogan avait tellement faim que, instinctivement et à moitié inconsciemment, il commença à manger le jambon cru au moment où il était mis dans la poêle. Au bout de quelques minutes, il tomba gravement malade et nous pensions qu'il allait mourir. Il s'est vite rétabli, mais pendant des semaines après, il était loin d'être en bonne santé. Sa maladie à cette époque était très malheureuse pour nous, car nous avions décidé, malgré les ordres du quartier général, d'essayer de gagner Dublin, car nous ne pouvions plus supporter la misère de notre existence.

Dans ce but, nous sommes allés de Creany aux chutes de Donass, cet endroit le plus glorieux et le plus pittoresque du Shannon, juste de l'autre côté de la frontière de Limerick et de North Tipperary. Ensuite, nous nous sommes séparés de Robinson et Treacy, qui ont commencé leur périlleux voyage vers Dublin, tandis que je suis resté avec Hogan jusqu'à ce qu'il redevienne lui-même. Ils arrivèrent sains et saufs à Dublin et furent accueillis par quelques amis sympathiques. Une description complète et précise de chacun de nous, avec la récompense offerte pour les informations pouvant conduire à notre capture, paraissait chaque semaine dans *Hue and Cry* , le journal officiel de la police, et il n'était donc pas facile pour eux non plus de voyager. vers la ville, ou pour s'y déplacer une fois arrivés là-bas.

En attendant, Hogan et moi ne pouvions pas rester longtemps dans la région des Keeper Mountains. Mais Tommy McInerney est sorti de Limerick avec une automobile, accompagné de Tim Ryan. McInerney était l'homme qui conduisait la malheureuse automobile qui est allée à la rencontre de Roger Casement le Vendredi Saint de 1916, lorsque la voiture a heurté une falaise à Kerry et que deux des occupants se sont noyés, McInerney lui-même s'est échappé.

Tim Ryan connaissait un prêtre amical à West Limerick qui nous hébergerait, et nous avons commencé notre voyage pour rencontrer l'un des amis les plus fidèles que nous ayons jamais fait - un certain sagairt dont j'aimerais faire ici les louanges, mais qui ne souhaite pas son nom soit fait connaître. Sean Hogan était assis devant avec McInerney, qui conduisait, Ryan et moi étant à l'arrière.

Pendant un certain temps, notre voyage s'est déroulé sans incident jusqu'à ce que nous approchions de la ville de Limerick. Nous avons été soudainement confrontés à des camions remplis de soldats qui se précipitaient en direction de Tipperary. Nous savions qu'ils participaient à une grande rafle. Nous ne savions pas alors, mais nous avons appris plus tard qu'ils avaient reçu des informations selon lesquelles nous nous trouvions dans une certaine cachette, et des dizaines de soldats armés de véhicules blindés étaient dépêchés sur les lieux.

Jamais, depuis que nous avons quitté Soloheadbeg, nous ne nous sommes sentis dans une situation aussi difficile. Un éclair de suspicion de la part d'un seul officier du parti nous aurait ruinés. A cette époque, nous savions que plus d'un soldat britannique, même simple, avait de grands espoirs de gagner la récompense de notre capture, et beaucoup d'entre eux avaient pris grand soin d'étudier nos descriptions. En outre, c'était relativement facile pour eux, au printemps 1919, car nous étions alors les seuls « hommes très recherchés », comme nous décrivaient les journaux.

Une file apparemment interminable de camions s'est approchée de nous, chaque soldat armé jusqu'aux dents, chaque camion équipé d'une mitrailleuse. La moindre manifestation d'inquiétude de notre part signifiait notre arrêt de mort : le moindre signe de peur ou d'anxiété nous trahirait. Et il n'y avait pas de retour en arrière. Tenter une telle chose serait un défi ouvert de trois hommes à plusieurs centaines de soldats. La fraîcheur et le bluff étaient notre seul espoir.

Nous avons dépassé les vingt premiers camions sans broncher. Nous regardions simplement les troupes avec ce regard de curiosité mêlé d'admiration qu'on peut attendre de tout citoyen loyal regardant passer ses vaillants protecteurs. Nous avions dépassé la plus grande partie du convoi et commencions à nous sentir plus à l'aise, quand soudain, au détour d'un coin, nous fûmes confrontés à une sentinelle le fusil levé et appelée à « alt ». Notre chauffeur freina aussitôt et s'arrêta.

Nous comprenons maintenant pourquoi les autres courageux nous avaient laissé passer sans contestation. Nous avions été conduits dans une embuscade et autorisés à nous placer en plein milieu du convoi, de sorte que nous n'avions aucune chance de nous échapper. C'était un piège astucieux, mais nous leur montrerions comment les Irlandais peuvent mourir plutôt que de se rendre. Tout était fini entre nous, mais nous vendrions nos vies le plus cher possible.

J'ai sorti mon arme. Pendant une fraction de seconde, je l'ai touché tendrement sous le tapis, décidant rapidement où envoyer mes balles avec le meilleur effet. J'avais le doigt sur la gâchette, prêt à lever le bras pour tirer lorsqu'un officier s'est précipité.

"Désolé de vous avoir retardé, messieurs", cria-t-il.

Cela ne ressemblait pas à une embuscade. J'ai doucement baissé mon arme et j'ai attendu ses prochains mots.

Il était le capitaine en charge du groupe. "Deux des voitures 'bestiales', vous savez, sont tombées en panne", a-t-il expliqué, "et c'était terriblement malheureux, vous ne savez pas, mais la circulation était presque complètement bloquée." Il s'est excusé abondamment pour le retard, mais il craignait qu'il n'y ait pas assez de place pour que notre voiture puisse passer. « C'était vraiment pourri », mais il pensait que nous devrions sortir et marcher.

À ce moment-là, j'avais complètement retrouvé mon calme. Je lui ai dit poliment mais fermement que nous avions un rendez-vous d'affaires important à respecter et que tout retard supplémentaire pourrait signifier une perte grave pour nous. En outre, dis-je, nous avions voyagé loin, et un long voyage en voiture n'était pas bon pour les rhumatismes, et nous étions bien trop fatigués pour marcher.

Je pense qu'il a été vraiment impressionné par ma protestation. À cette époque, les officiers britanniques considéraient un Irlandais capable de voyager en automobile comme une personne importante susceptible de se voir poser une « question à la Chambre » s'il était traité grossièrement. Un an ou deux plus tard, je sais ce qu'il aurait dit à n'importe quel Irlandais rencontré sur la route.

Il se tourna brusquement vers ses hommes, ordonna à trois ou quatre d'entre eux de lâcher leurs fusils et de nous pousser dans notre voiture sur environ deux cents mètres jusqu'à ce que nous ayons dépassé les camions en panne et que nous puissions reprendre le milieu de la route.

Jamais je ne me suis senti plus enclin à rire. Voici qu'une section de l'armée britannique faisait tout son possible pour nous épargner la peine de marcher, tandis que la même armée cherchait jour et nuit la campagne à notre recherche. Quel joli titre cela aurait été pour le *Morning Post* : « Des hommes armés recherchés aidés et encouragés par l'armée britannique ! »

Nous avons remercié plus abondamment les soldats, leur avons assuré qu'ils n'avaient pas besoin de pousser notre voiture plus loin et étions vraiment désolés de leur avoir causé tant de problèmes. Un instant plus tard, nous leur saluâmes au revoir et nous nous précipitâmes sur la route de Foynes. Je peux vous assurer que la vitesse de notre voiture a été testée pendant le quart d'heure suivant, au cas où, par hasard, les soldats obligeants se méfieraient et viendraient après nous pour enquêter. Mais Sean et moi avons ri de bon cœur quand nous les avons laissés derrière nous. C'était la première fois depuis que nous étions hors-la-loi que les Britanniques nous aidaient à nous échapper ; ce n'était pas la dernière, car plus d'une fois j'ai eu des raisons d'être reconnaissant envers leur stupidité en m'aidant à me sortir des difficultés alors qu'ils ne savaient pas qui j'étais.

CHAPITRE IX.
NOTRE RETOUR À SOLOHEADBEG.

Ce soir-là, nous atteignîmes notre destination : la maison du prêtre dont j'ai déjà parlé. Ici, nous avons reçu un accueil chaleureux et chaleureux. Aucun problème n'a été épargné pour que nous nous sentions heureux et joyeux. La gouvernante, Molly, était comme une mère pour nous. Elle était aussi un peu dictatrice, où la dictée était pour notre bien. Après nous avoir servi un bon repas copieux , elle nous ordonna de nous coucher tous les deux, où nous restâmes deux jours entiers. Pouvez-vous vous demander si nous étions réticents à quitter les couvertures, avec des souvenirs de journaux, de paille sale et de foin humide encore frais dans nos esprits ?

Après deux jours de repos , je me sentais à nouveau en forme et actif, mais Hogan était encore loin d'être bien. Nous ne pourrons jamais oublier la gentillesse de Molly pendant cette période. Aucun problème n'était trop grand pour qu'elle nous mette à l'aise. Je crois que c'est sa gentillesse et sa bonne cuisine qui nous ont vraiment amenés. Et elle était toujours de bonne humeur et joyeuse. C'était un tonique d'entendre son rire joyeux, ses plaisanteries et son discours chaleureux et chaleureux. Tout cela était tellement différent de ce à quoi nous étions habitués depuis des mois. Jusqu'à présent, ceux qui nous parlaient n'élevaient jamais la voix au-delà d'un murmure. Parfois, nous devions rire en constatant la prudence dont ils faisaient preuve avant de donner le moindre signe qu'ils nous reconnaissaient. Chaque fois que nous rencontrions une connaissance sur la route, il regardait derrière nous, à droite et à gauche, avant de nous saluer. Beaucoup d'entre eux, je suppose, craignaient que si nous étions arrêtés peu de temps après leur rencontre , ils pourraient être soupçonnés, et il n'y a rien qu'un Irlandais craigne plus que de passer pour un informateur.

C'était amusant d'observer le regard effrayé qui montait dans les yeux des gens lorsqu'ils nous reconnaissaient. Bien entendu, leur frayeur avait souvent une bonne raison, car nous restions souvent plusieurs semaines sans faire la connaissance d'un rasoir. Mais on ne se soucie pas de la beauté personnelle quand on a une armée à nos trousses et dix mille livres sur la tête.

Il n'est donc pas étonnant que la bonhomie et la bonne humeur de Molly nous aient tant réconfortés. Et elle était à la fois courageuse et gentille. Elle nous inspirait de l'espoir quand tout paraissait noir. Elle était inébranlable dans sa conviction qu'aucun mal ne nous arriverait ; que Dieu, comme elle le disait, nous sauverait de nos ennemis. Elle a toujours gardé une lampe allumée devant l'image du Sacré-Cœur, en intercession pour notre bien-être, et je suis sûr qu'elle a récité aussi plusieurs décennies de son chapelet pour nous.

Mais si Molly était une brique, le prêtre était mille briques. Comme Molly, il n'a jamais calculé le coût de « l'hébergement de hors-la-loi ». Nous étions les bienvenus sur son toit et à sa table aussi longtemps que nous voulions rester, et tout ce que sa maison contenait ou qu'il pouvait commander était à notre service. Nous avons certainement apprécié notre séjour à — et aurions aimé le prolonger, mais il n'était pas prudent de rester trop longtemps dans le même quartier et nous avons estimé que ce n'était pas juste envers notre hôte. De plus, nous voulions être en mouvement pour essayer ce que nous pouvions faire pour donner plus de vie à la cause. Après un séjour de quelques semaines dans cet endroit, nous sommes allés à Rathkeale.

Ici, pour la première fois, j'ai rencontré Sean Finn, le type d'Irlandais courageux et chevaleresque qui ait jamais existé. Il n'était alors qu'un jeune homme, mais il avait été élu commandant de son bataillon. Imprégné d'un désir passionné de porter un grand coup pour le vieux pays, il était courageux jusqu'à l'imprudence. Mais hélas! pour l'Irlande, il tomba lors de sa première bataille avec l'ennemi environ un an et demi plus tard. Mon plus grand hommage à la mémoire de ce vaillant soldat irlandais !

Nous ne sommes pas restés longtemps à Rathkeale. Nous étions agités et aspirions à l'action. Nous étions également impatients de savoir comment se comportaient Sean Treacy et Seumas Robinson à Dublin. A cette époque, nous voyions les journaux tous les jours et nous savions qu'ils s'étaient jusqu'ici enfuis. Finalement, nous avons pris contact avec eux et avons convenu de les revoir. Nous sentions que le destin nous obligerait à nouveau à nous donner la main et à tenir ou à tomber ensemble. Sean Hogan et moi avons donc parcouru notre chemin depuis West Limerick vers l'extrémité est du comté, jusqu'aux frontières de South Tipperary. Une fois de plus, nous nous trouvâmes dans un endroit où nous avions déjà reçu refuge et hospitalité : à Lackelly, près d'Emly. Nous étions donc à nouveau à six ou sept milles de Soloheadbeg, et à quelques milles de l'endroit où, quelques semaines plus tard, nous devions vivre notre prochaine aventure la plus excitante et la plus dramatique : Knocklong.

À Lackelly, nous avons rencontré à nouveau Treacy et Robinson. Nous avions l'impression d'être un groupe d'écoliers en vacances. D'une manière ou d'une autre, lorsque nous étions tous les quatre ensemble, tous les nuages sombres semblaient se disperser. Nous avons oublié que nous étions des hors-la-loi pourchassés et que nos têtes étaient mises à prix. Lorsque nous nous sommes rencontrés , nous avons parlé et plaisanté jusque tard dans la nuit, et échangé nos expériences et nos aventures depuis notre séparation. Treacy et Robinson s'étaient promenés librement et ouvertement dans Dublin et avaient passé un moment plutôt agréable. Nous, de notre côté, avons essayé de les rendre jaloux en leur racontant notre bon moment chez le curé, et avons pu nous vanter d'avoir été aidés par les soldats britanniques sur notre chemin vers cet endroit.

Seumas a pu rétorquer avec une expérience tout aussi amusante. Il semble qu'en route de Tipperary à Dublin, la voiture est tombée en panne juste à la prison de Maryboro, et immédiatement plusieurs soldats se sont précipités à son secours pour la faire redémarrer. A Dublin aussi, ils ont eu de nombreuses aventures, mais je ne peux pas les raconter.

Pendant ce temps, la police et l'armée étaient toujours occupées à nous rechercher dans tout le comté de Tipperary et à creuser des jardins et des tourbières à la recherche des explosifs manquants. Ils surveillaient nos repaires et faisaient des descentes dans tous les endroits que nous fréquentions. Malgré les difficultés créées par cet état de choses, nous avons décidé tous les quatre qu'il était inutile de rester inactifs. La rencontre de Soloheadbeg a ému le pays et a montré aux Volontaires ce qui pouvait être fait, mais notre absence pourrait annuler ces effets. Les trois mois qui s'étaient écoulés depuis nous semblaient perdus. L'IRA n'était encore qu'un nom. En théorie, il y avait une assez bonne organisation. Chaque comté avait sa brigade et ses bataillons, et les armes ne manquaient pas tout à fait, mais à quoi servaient, nous demandions-nous, des hommes qui ne sont soldats que de nom, et des fusils huilés et nettoyés mais qui ne tirent jamais ? Les hommes ne manquaient pas de courage, mais il leur fallait plus d'initiative. A cette époque, tout ce qu'ils pouvaient faire, c'était aller en prison. Partout dans le pays, des hommes se laissaient arrêter et emprisonner pour avoir exercé des activités ou porté des armes, mais ils ne semblaient jamais penser à utiliser les armes plutôt que d'aller en prison.

Lors de notre rencontre à Lackelly, nous avons décidé que cette histoire d'aller en prison et de devenir des héros bon marché devait cesser. Nous voulions une véritable armée, pas une vaine moquerie. Même si une telle armée ne comptait qu'une poignée de personnes, elle serait bien meilleure que l'organisation actuelle. Nous pensions que Soloheadbeg aurait été suivi d'opérations actives dans tout le pays, mais ce n'était plus qu'un simple souvenir.

Dans cet état d'esprit et avec ces résolutions, nous nous procurâmes quatre bicyclettes et nous nous dirigeâmes droit vers Donohill – de retour sur le lieu même de notre première bataille, de nouveau au milieu du filet militaire que la loi martiale avait tendu autour de tout le comté. Donohill est à environ deux milles au nord de la carrière de Soloheadbeg, et notre route nous a conduits par la route même où nous avons attendu si longtemps l'ennemi et où nous l'avons enfin rencontré. C'était notre premier passage sur les lieux depuis le 21 janvier, et vous pouvez imaginer nos sentiments lorsque nous

avons revu la colline familière et le virage de la route où sont apparus les
éplucheurs. Nous descendîmes de cheval et nous attardâmes un moment
dans le quartier. Je suis sûr que beaucoup de gens autour de nous ne
s'attendaient jamais à nous revoir, car autrefois, la chose habituelle pour les
hommes dans notre situation était de s'enfuir vers l'Amérique. Mais notre
travail se déroulait en Irlande et nous allions le mener à son terme.

À Donohill, nous sommes apparus à la famille Horan comme des hommes
revenus du tombeau. Lorsqu'ils ont réalisé que nous n'étions pas des
fantômes, ils nous ont réservé un accueil typiquement irlandais, et nous avons
plaisanté et ri jusque tard dans la nuit. Ils n'ont pas oublié de surveiller
quelqu'un au bord de la route pour s'assurer que nous ne serions pas surpris.
Avec les Horans, nous restâmes jusqu'à la nuit suivante.

Ma propre maison n'était qu'à 800 mètres de là et, bien entendu, j'en ai profité
pour voir ma mère. Ce fut pour elle une grande surprise, mais une très
bienvenue. Pendant ma période de cavale, je n'osais même pas lui envoyer
une carte, car cela lui causerait des ennuis sans fin de la part de l'ennemi et
leur donnerait probablement des informations utiles, car ils n'ont jamais
hésité à ouvrir les lettres qui transitaient par la poste. Pauvre femme! Elle
était très courageuse et de bonne humeur, malgré le fait que sa petite maison
était souvent perquisitionnée et saccagée trois fois en vingt-quatre heures, au
petit matin et en pleine nuit. Cela m'a donné beaucoup de courage de la revoir
et de lui parler à nouveau. Mais je ne devais pas tarder longtemps et je lui dis
de nouveau au revoir, emportant avec moi sa chaleureuse bénédiction en
partant.

La chère vieille âme a beaucoup souffert du crime d'avoir enseigné à ses fils
leur devoir envers leur pays. Même la maison au-dessus de sa tête a été pillée
et incendiée, et ses poules et ses poulets ont dû payer le prix de la haine
anglaise, car ils ont été abattus à la baïonnette par les Black and Tans. À
travers toutes ses épreuves, elle n'a jamais perdu courage et a toujours voulu
se moquer de l'ennemi. Un jour, lorsque les Britanniques sont venus lui
demander si son fils était là, elle leur a demandé sarcastiquement s'ils
s'aventureraient sous le même toit que lui. Une autre fois, en réponse à la
même question, elle leur dit que j'étais à l'étage et les invita à entrer. Leur
réponse à l'invitation fut une retraite précipitée pour se mettre à l'abri.

- 43 -

CHAPITRE X.
SEAN HOGAN CAPTURÉ.

De Donohill, nous sommes allés à Rossmore, puis à Rosegreen et enfin à Clonmel, le quartier général du RIC pour South Tipperary et une grande ville de garnison. Nous passâmes plusieurs jours dans ce quartier et ne restâmes pas inactifs. Nous avons rencontré les officiers locaux de l'IRA – ils appartenaient à notre brigade – et avons découvert quels étaient leurs projets. Nous avons fait de notre mieux pour les inciter à faire avancer les choses plus rapidement et à se mettre au travail vraiment sérieux.

Un matin, alors que j'étais dans le district de Clonmel, j'ai vécu une aventure inhabituelle, pas très excitante en soi, mais dont je craignais qu'elle se révèle plus qu'excitante pour moi. Alors que je gravissais Mockler's Hill à 2 heures du matin, alors qu'il faisait encore nuit noire, un cycliste venant dans la direction opposée m'a percuté. J'ai reçu toute la force de son guidon sur le cœur. J'ai été jeté à terre, impuissant, et j'ai vomi une grande quantité de sang. Je pensais que j'allais mourir. La perspective d'une fin aussi peu glorieuse ne m'a pas amélioré ni n'a accéléré mon rétablissement. Être tué au combat par une balle ennemie était un sort que je ne redoutais pas du tout ; mais je m'opposais fortement à l'idée d'être tué par le guidon d'un vélo à pousser ordinaire et inoffensif et, pour aggraver les choses, je m'imaginais identifié par le RIC et jeté dans un état encore pire que celui dans lequel le cycliste était parti. moi. Cependant, ma guérison a été plus rapide que je l'espérais. J'ai toujours eu la mauvaise habitude de me ressaisir très vite. En peu de temps, j'ai pu remonter sur mon vélo et rouler jusqu'à ma destination.

Le 10 mai 1919, nous retournons sur nos pas jusqu'au village de Rossmore. Cela faisait maintenant près de quatre mois depuis l'affaire de Soloheadbeg. Pendant ce temps, nous dormions où et quand nous en avions l'occasion ; tantôt dans une grange, tantôt dans une étable, et très rarement au lit. Notre santé n'était pas pire que nos difficultés. Je suppose qu'avec le temps, on s'endurcit. Même ce soir-là, lorsque nous sommes arrivés à Rossmore, nous nous sentions en forme et en forme, même si nous avions passé quatre nuits sans aucun repos. Pourtant, nous pourrions nous contenter de quelques heures de sommeil. Quelqu'un que nous avons rencontré nous a mentionné avec désinvolture qu'il y avait une soirée dansante ce soir-là dans la maison d'Eamon O'Duibhir à Ballagh, à une courte distance de là. Nous avons oublié notre lassitude ; nous avons oublié notre danger. Nous étions jeunes et habitués à prendre des risques, et cela faisait longtemps que nous n'avions pas eu le plaisir d'une danse ou d'un ceilidhe.

Sans réfléchir, nous avons affronté Ballagh. Bientôt, nous étions au cœur des divertissements de la nuit. C'était merveilleux de revenir, même pour une nuit, dans une atmosphère de gaieté légère. Depuis près de deux ans, je ne m'étais pas mêlé à la foule, et me voilà maintenant au milieu d'une fête typique de Tipperary. La musique était excellente et le dîner et les rafraîchissements étaient encore meilleurs. Pour une fois, nous avons oublié les nuages sombres au-dessus de nous ; nous avons ri, parlé et dansé dans les bobines et dans les décors avec les gars et les filles – au milieu de la zone de la loi martiale, et à une époque où probablement une douzaine d'équipes de raid britanniques défonçaient les portes des cottages et des fermes à la recherche de nous.

Bien sûr, les garçons et les filles nous connaissaient tous. Comme tant d'autres avant et après, ils n'avaient qu'à s'éclipser, n'importe lequel d'entre eux, se rendre à la caserne de police la plus proche, à moins de trois kilomètres de là, et gagner mille livres en disant où nous étions. Mais ils n'ont jamais rêvé d'une telle chose. Nous n'avons jamais non plus songé à soupçonner qui que ce soit dans le parti, ni dans aucun autre parti d'Irlandais-Irlandais. Chacun d'entre eux se couperait la main avant de toucher cet or saxon. Les Irlandais ont de nombreux défauts, mais très, très peu d'informateurs naissent parmi eux.

Nous avons dansé toute la nuit et, aux petites heures du matin, je suis rentré avec quelques garçons à Rossmore. Les trois autres ne sont pas venus avec moi ; ils restèrent encore quelques danses, mais nous avions donné rendez-vous chez O'Keeffe, à Glenough, où nous dormirions bien. Peu de temps après mon arrivée, Sean Treacy et Seamus Robinson sont apparus. Sean Hogan n'est pas venu avec eux, mais aucun de nous ne s'est senti un peu mal à l'aise. Il lui restait deux jours avant d'atteindre son dix-huitième anniversaire, mais nous savions qu'il était capable de prendre soin de lui-même.

Nous étions tous les trois aussi fatigués que possible. Avec nos cinq nuits sans sommeil et la fatigue d'une nuit de danse, nous aurions pu dormir, comme disait Sean, sur un lit de ronces. La vue du lit douillet qui avait été préparé pour nous nous a presque fait dormir avant de nous y installer.

Je pense que Sean Treacy n'avait pas fini son chapelet avant que je m'endorme. Le son suivant que j'ai entendu était la voix de Patrick Kinnane. Cela semblait très loin. Il me parlait, je le savais, mais mes yeux refusaient de s'ouvrir. Puis j'ai repris mes esprits. Ses paroles m'ont fait sortir du lit ; J'ai compris tout le sens de sa première intrusion : Hogan avait été capturé par les Peelers !

Il aurait été très facile pour nous de croire que « JJ », comme nous l'appelions – il s'appelait John Joseph – avait été abattu. Mais dire qu'il a été arrêté ! Je ne le croirais pas. Kinnane plaisantait-il ? Je me suis tourné vers Sean Treacy, car lui aussi était désormais debout, et j'ai lu la vérité sur son visage.

J'aurais donné une fortune pour quelques heures de sommeil supplémentaires. Je ne me suis jamais senti aussi fatigué et fatigué de ma vie. Robinson et Treacy étaient tout aussi mauvais. Mais la pensée de « JJ » dans les griffes de l'ennemi nous a rapidement ramené à la raison. Sans une seconde d'hésitation, nous avons pris notre décision. Nos visages plutôt que nos mots se transmettaient ce que nous avions en tête. Nous devons sauver Hogan, ou mourir dans cette tentative, et nous savions que si l'un d'entre nous avait été à la place de Hogan, sa décision aurait été la même.

Rapidement, nous avons obtenu les informations disponibles sur sa capture. Il a quitté le bal peu après nous. Avant d'aller loin, il fut entouré de dix policiers vaillants. Bien sûr, il portait son arme, comme nous tous, mais il n'a jamais eu l'occasion de s'en servir. Ce n'est qu'un an plus tard que les Britanniques inventèrent l'heureux tour de tirer sur les prisonniers « alors qu'ils tentaient de s'échapper ». Si cette mode avait alors existé, « JJ » ne serait pas parmi nous aujourd'hui, et il n'aurait pas non plus été très utile de planifier son sauvetage cette nuit-là.

Notre premier problème fut de le localiser. À cette époque, les meurtres d'innocents n'étaient pas encore à la mode, mais la loi martiale rendait les gens plus prudents, et rares étaient ceux qui s'aventuraient dehors tard le soir ou tôt le matin en raison de la certitude d'être arrêtés, interrogés et probablement arrêtés par les Britanniques. , qui patrouillait sur les routes à toute heure de la nuit et du jour. C'est pourquoi nous avons constaté lors de notre première enquête que personne n'avait vu où était partie l'escorte de Hogan. Ils auraient pu affronter l'une des demi- douzaine de garnisons : Thurles, Tipperary ou Cashel, par exemple. Se retrouver ainsi dans l'ignorance de l'endroit où établir nos plans était presque exaspérant, et nous savions que chaque heure qui passait rendait le danger plus grand, et qu'il serait bientôt transporté dans un endroit hors de notre portée. Je crois que l'un de nous trois aurait volontiers pris la place de notre plus jeune camarade. Maintenant qu'il était parti , nous découvrîmes tout à coup tous ses excellents traits de caractère, même si nous n'avions jamais eu l'habitude de lui faire des compliments lorsqu'il était avec nous.

Nous avons cherché et interrogé partout. Nous avons envoyé des messagers à vélo dans toutes les directions probables pour tenter de retrouver une piste. Mais ses ravisseurs avaient pris un trop bon départ. Nous étions presque désespérés lorsque nous avons enfin compris sa piste : nous l'avons retracé jusqu'à la caserne de police de Thurles.

Tenter de le sauver de cet endroit aurait été pire que de la folie. Il aurait été tout aussi simple de prendre d'assaut les portes de l'enfer. Thurles est une ville assez grande et possédait une grande garnison policière et militaire. La caserne était fortement fortifiée et les éplucheurs étaient toujours en alerte. Leurs positions rendaient la vigilance essentielle. Ils se trouvaient au milieu d'une zone qui allait bientôt devenir le centre d'une guerre active, et ils se trouvaient sur la route principale reliant Dublin à Cork. Il n'y avait jamais le moindre espoir de précipiter la caserne ou d'y pénétrer par ruse, et d'ailleurs nous savions que la présence de Sean Hogan dans leur fief les rendrait d'autant plus prudents, car ils savaient qu'il était l'un des quatre hommes recherchés pour l'attaque de Soloheadbeg. Les bribes d'informations qu'ils avaient recueillies et notre disparition de la localité leur ont donné la certitude dès le premier jour que nous étions dans cette aventure.

Mais il y avait une lueur d'espoir. Nous savions qu'il ne resterait pas longtemps à Thurles. Les prisonniers n'étaient détenus dans ces commissariats locaux que pendant un jour ou deux, le temps que se déroulaient les enquêtes préliminaires et les détentions provisoires. Ils furent ensuite transférés dans l'une des plus grandes prisons : Mountjoy, Cork, Maryboro', Dundalk ou Belfast. Dans le cas des hommes de Tipperary, et même des hommes de tout le Munster, Cork était généralement la destination. Il y avait dix chances contre une que, dans un jour ou deux, Sean Hogan soit emmené en train de Thurles à Cork.

Nos plans furent rapidement réalisés. Nous allions à Emly, interceptions l'escorte, retenions le train et secourions notre camarade. Nous avons choisi Emly pour plusieurs raisons. C'était une petite station, et il n'y avait pas de soldats à proximité ; la police ne nous dérangeait pas particulièrement. C'était au cœur d'un quartier que nous connaissions bien et dans lequel nous avions de nombreux amis. Elle touchait presque les frontières de trois comtés et augmentait par conséquent nos chances d'échapper aux poursuites, car l'ennemi ne découvrirait pas facilement si nous nous retirions dans les montagnes, à North Cork, à South Tipperary ou à East Limerick. Surtout, nous avions confiance en de nombreux garçons du village voisin de Galbally.

Mais retenir un train et prendre les dispositions nécessaires pour évacuer notre compagnon sauvé et pour notre propre évasion ne sont pas des opérations qui peuvent être réalisées par trois hommes. Nous avions besoin d'aide ; nous devons obtenir des renforts. Nous nous sommes immédiatement assurés des services d'un estafette volontaire spécial ; car, naturellement, il ne fallait pas penser aux télégrammes ni aux téléphones. Faire confiance à ces moyens de communication équivaudrait à faire connaître aux Britanniques nos projets. Notre premier soin fut d'envoyer tous les détails de nos plans au commandant par intérim du bataillon de la ville de Tipperary, avec ordre de nous envoyer des renforts. Emly ne serait qu'à sept miles, à moins d'une heure de vélo, de la ville de Tipperary.

Nous avons décidé en toute hâte de notre plan d'action et avons fait nos préparatifs. Ned Reilly et les frères O'Keeffe nous ont apporté toute leur aide pour établir nos plans avant de quitter Thurles.

Après avoir terminé ces préparatifs, nous avons quitté la ville de Thurles à 11 heures le matin du 12 mai 1919. Nos cœurs étaient tristes, mais nous avions encore de l'espoir et notre sang bouillonnait de colère, d'anxiété et d'excitation.

JJ HOGAN.

Montés sur nos vélos, nous nous sommes tous trois dirigés vers Emly. À l'exception de l'heure de sommeil qui a suivi la danse, nous avions passé cinq nuits sans repos. En temps normal, Emly n'aurait été qu'à une trentaine de milles de nous, mais pour des raisons évidentes, nous devions éviter les routes principales et ne pouvions pas passer près de la ville de Tipperary. Nous avons parcouru près de cinquante milles au cours de ce voyage, sur des routes accidentées et inégales. Ce fut l'une des courses les plus difficiles que nous ayons jamais faites. Les voyages que Sean Treacy et moi avions effectués vers et depuis Dublin étaient moins fatigants. Alors que nous approchions de Donohill, le vélo de Seumas Robinson a été mis hors service. Nous n'avions ni le temps ni les moyens d'essayer de le réparer sur le bord de la route, mais nous avions des amis fidèles. Patrick O'Dwyer, de Donohill, dont l'épouse était une cousine germaine de Sean Hogan, a mis un nouveau vélo à notre disposition et nous avons repris notre route. Notre fatigue se faisait sentir. Nous aurions pu tomber de vélo et dormir au bord de la route, mais l'excitation et notre sentiment de loyauté envers notre camarade ont entretenu nos forces. À Oola, nous nous sommes en fait endormis sur nos vélos, mais encore une fois nous nous sommes agités et avons continué notre route avec acharnement, montant et descendant les collines, les dents serrées et l'esprit fixé sur le sauvetage ou la mort. Nous avons fait un détour vers la droite, à travers la zone de la loi martiale, et avons traversé la frontière du comté de Limerick, à travers le village historique de Cullen, et jusqu'à Ballyneety, devant les ruines du vieux château, sur la même route que celle empruntée par Patrick Sarsfield. a pris cette nuit au clair de lune trois cent trente ans auparavant, lorsque son sabre a semé la terreur dans les troupes de Dutch William. C'était une étrange coïncidence que nous, qui poursuivions maintenant une mission similaire de mort ou de gloire, soyons des hors-la-loi de Tipperary, tout comme Galloping Hogan, l'homme qui a rendu possible l'exploit de Sarsfield cette nuit-là. Et nous allions sauver un autre hors-la-loi de Tipperary du même nom et du même clan.

Pendant que Sean Treacy nous rappelait ces pages d'histoire — car il aimait son histoire irlandaise — nous avons été interrompus par un bruit sourd, et en regardant autour de nous, nous avons vu que le pauvre Robinson était tombé de son vélo et dormait profondément au bord de la route. Il fallut continuer notre route, le temps était précieux, et nous remontâmes tous les trois et atteignîmes Emly à trois heures et demie du matin du 13 mai. En chemin, nous nous étions arrêtés une ou deux fois pour achever nos plans et perfectionner nos arrangements en matière de renseignement. Une fois, nous avons eu un choc brutal lorsqu'une bombe est tombée de la poche de Robinson et, pendant un instant, nous avons cru que nous étions attaqués.

À Lackelly, nous avons rendu visite à nos vieux amis, les Maloney, et nous avons été chaleureusement accueillis. Alors que nous discutions de nos projets, tout en savourant un petit-déjeuner chaud et bien mérité, May Maloney a offert ses services de toutes les manières possibles, et nous avons accepté son offre avec plaisir. Elle devint pour l'occasion notre estafette, et je ne sais pas comment nous aurions pu nous débrouiller sans son aide. C'est elle qui s'est rendue à Thurles ce matin-là et nous a fait savoir que Hogan était toujours là. Soit dit en passant, la maison des Maloney a ensuite été détruite par les Black and Tans, et May Maloney et son frère Dan ont été emprisonnés pendant la récente guerre.

Le 13 mai à 10 heures, nous avions terminé toutes les dispositions pour le sauvetage de Sean Hogan.

CHAPITRE XI.
LE SAUVETAGE À KNOCKLONG.

Comme je l'ai dit, nous sommes arrivés à Emly à 3 heures 30 du matin. Le premier train dans lequel le prisonnier pourrait arriver n'était attendu qu'à midi. Lorsque tout fut prêt, quelques heures avant midi, nous attendîmes avec impatience l'arrivée des hommes de la ville de Tipperary en réponse à notre demande. À mesure que l'heure approchait, nous devenions anxieux et rétifs. Les minutes se sont transformées en heures. Nos yeux scrutèrent avec impatience la route depuis Tipperary, mais aucun cycliste n'apparut. Que s'était-il passé ? Nous ne pouvions pas croire que l'aide dont nous avions tant besoin n'était pas à portée de main. Onze heures, toujours pas de renforts. Les minutes passaient trop vite maintenant. Onze heures et demie arrivaient, et toujours aucun signe. Et le train devait arriver à midi !

Mais nous n'allions pas laisser Sean Hogan être emmené sans combat. Nous savions que l'escorte, armée de fusils, de baïonnettes et de revolvers, serait composée de quatre à huit policiers, mais il était possible que d'autres policiers ou militaires se trouvent dans le même train. Nous ne pouvions qu'échouer. À midi, nous nous sommes précipités tous les trois vers la gare au moment où la locomotive entrait sur le quai.

Dans ma hâte, je me suis précipité sur une vieille femme à l'entrée. Pour la sauver, j'ai dû la prendre dans mes bras. Nous avons tous les deux été balancés en rond par la force de la collision, et j'ai terminé ce qui devait ressembler à une danse en tombant lourdement au sol. Malheureusement, il n'y avait pas de temps pour des explications ou des excuses, et je ne sais pas si la pauvre femme a déjà entendu l'explication de la collision. Avant même qu'elle puisse voir mon visage, j'étais de nouveau debout et je courais le long de la plate-forme, le doigt tout le temps sur la gâchette du revolver.

Mais il n'y avait pas de prisonnier ! Nous avons été malheureusement déçus. Dans un sens aussi, nous nous sentions un peu soulagés car il serait encore temps de demander de l'aide avant l'arrivée du prochain train. Mais attendre est toujours la partie la plus difficile de tout combat ; le suspense est plus intense que l'action.

Alors que nous retournions décontenancés à notre lieu de repos, après avoir inspecté chaque voiture, notre pilule fut rendue encore plus amère à la pensée que les hommes de Tipperary nous avaient laissé tomber. Nos esprits cherchaient une autre aide. Nous avons pensé au vieux bataillon Galtee, aux garçons des régions montagneuses, de Galbally et de Ballylanders. Leur bataillon, que nous connaissions, avait récemment été suspendu par le quartier général. Mais nous savions aussi que leur cœur avait raison et leurs mains fortes et audacieuses. Ils ne feraient pas la sourde oreille à un appel comme le nôtre.

Le prochain train ne devait arriver de Thurles qu'à 19 heures du soir. Nous avons envoyé un message aux garçons du bataillon Galtee, leur avons expliqué notre mission et le danger du travail à entreprendre. Au bout d'une heure, la réponse arriva. Cinq de leurs hommes nous rejoignaient à 17 heures. Jamais auparavant nous n'avions reçu un message aussi encourageant.

Les hommes ont tenu parole et sont arrivés avant l'heure. À 16 h 45, ils sont arrivés, Eamon (Ned) O'Brien, James Scanlon, JJ O'Brien, Sean Lynch et le pauvre Martin Foley, qui a été pendu dans la prison de Mountjoy exactement deux ans plus tard pour son rôle dans le sauvetage. Avec lui fut pendu le pauvre Maher, qui ne savait rien au monde de l'incident pour lequel il avait été pendu. Mais ils ont donné leur vie avec joie pour l'Irlande, et les paroles courageuses de leur dernier message du pied de la potence garderont leur souvenir à jamais frais dans le cœur des patriotes irlandais. Puissent-ils reposer en paix!

Nous étions désormais huit, cinq armés de revolvers et trois non armés. Après une consultation, nous avons décidé d'un léger changement de plan. Sean Treacy, Seumas Robinson, Ned O'Brien et moi-même avons roulé jusqu'à Knocklong, la station suivante, à environ cinq kilomètres au sud d'Emly. Nous avons choisi Knocklong parce que, à l'exception d'Emly, tous les autres postes étaient tenus par de puissantes forces britanniques, mais celui-ci, étant seulement situé au bord de la route et à quelques kilomètres d'une caserne de police, était relativement sûr pour nous. Si cette tentative échouait, nous avions prévu de nous rendre à Blarney, où nous pourrions à nouveau intercepter l'escorte. Les quatre autres hommes que nous envoyâmes à la gare d'Emly avec instruction de monter à bord du train sans éveiller les soupçons, pour savoir dans quelle voiture se trouvait notre camarade. De cette façon, ils pourraient nous donner l'indice dès que Knocklong serait atteint, et sans avoir besoin de perdre le temps. perdu en arrivant à la rescousse.

Nous atteignîmes Knocklong au moment où le départ du train d'Emly était signalé. Nous avons remonté la plate-forme avec un air aussi calme et indifférent que possible, mais avec nos armes fermement serrées dans nos mains. Les gens qui attendaient le train ce soir-là ne pensaient pas qu'ils allaient bientôt être témoins d'un drame pour lequel un producteur de cinéma eût donné une fortune. Au loin, nous voyions la fumée du moteur s'élever vers le ciel. Une minute plus tard, le train arrivait sur le quai. Au même moment, un autre train arrivait sur le quai opposé en provenance de Cork. Ce n'est que le lendemain que nous apprîmes que le deuxième train contenait une compagnie de troupes britanniques armées en direction de Dublin. Là, ils restèrent à quelques mètres de la lutte pour la vie ou la mort qui s'ensuivit. Je n'ai jamais compris pourquoi ils n'avaient pas pris part à la lutte. Il était peut-être trop tard lorsqu'ils ont réalisé ce qui se passait.

Notre train n'était pas encore arrêté lorsque le signal que nous attendions nous fut donné par deux correspondants différents. Conformément aux dispositions prises à Thurles la veille, un membre des services secrets de l'IRA est monté à bord du train après le prisonnier et s'est tenu à la fenêtre pour nous donner le signal. Nos hommes étaient également à leur fenêtre, ignorant l'existence de l'autre homme.

Il n'y avait pas un instant à perdre. Le train n'aurait qu'une minute de retard et nous n'avions pas cru nécessaire de retenir le conducteur. Un léger mouvement de la main de nos collègues indiqua la voiture où nous retrouverions notre homme.

C'était un long wagon à couloir divisé en une douzaine de petits compartiments, chacun isolé des autres, et un passage longeant tout le trajet. Nos hommes de Galtee étaient dans le passage. Dans l'un des compartiments, nous avons vu Sean Hogan. Il s'est assis au milieu du siège, menotté et face au moteur. A côté de lui était assis un sergent de police, de l'autre côté un agent de police. Sur le siège opposé se trouvaient deux autres agents, tous quatre entièrement armés.

Sean Treacy devait, par accord, prendre en charge l'attaque. Il a donné la parole. Cinq secondes après l'arrivée du train, nous nous précipitions dans le couloir et faisions irruption dans le compartiment des prisonniers, l'arme dégainée et avec l'ordre « Levez les mains ! » "Les mains en l'air!" Juste un instant auparavant, comme nous l'avons entendu plus tard, le sergent Wallace avait vicieusement frappé son prisonnier avec la question sarcastique : « Où sont Breen et Treacy maintenant ? Sa question a reçu une réponse ; Breen et Treacy étaient à son service.

Lorsque nous avons fait irruption dans la porte du compartiment, la police a rapidement compris notre objectif. L'agent Enright avait dégainé son revolver et l'avait pointé vers l'oreille du prisonnier. L'ordre avait été donné à l'escorte d'abattre le prisonnier si l'on tentait de le sauver. Une fraction de seconde a sauvé Sean Hogan. C'était sa vie ou celle du gendarme. Le policier était en train d'appuyer sur la gâchette lorsqu'il reçut lui-même une balle en plein cœur, la mort étant instantanée.

Et voilà qu'un épisode se produit en comparaison duquel un spectacle du Far West pâlirait. Les passagers ont réalisé notre objectif. En un instant, la panique régna. Mon souvenir le plus vif de cette scène est la figure d'un soldat-passager, vêtu de l'uniforme kaki de l'Angleterre ; mais sous cet uniforme battait un cœur irlandais. Je n'oublierai jamais le sourire triomphant sur son visage alors qu'il agitait son chapeau et criait : « Debout la République ! »

J'avais peu de temps pour étudier les passagers. Ce premier coup de feu a empêché l'escorte d'assassiner leur prisonnier, et c'était le premier coup de feu d'une sombre bataille qui devait se terminer par la mort de deux personnes et la blessure de quatre autres. Dès le premier coup de feu, l'un des policiers s'est littéralement précipité à travers la vitre du train en rugissant comme un taureau sauvage. Nous ne l'avons jamais revu, mais j'ai entendu dire qu'il courait à travers le pays comme un forcené et rapportait la bagarre de manière très incohérente à la caserne de police d'Emly le lendemain matin.

Le gendarme Enright était mort, de sorte qu'il restait le sergent Wallace et le gendarme Reilly. Un échange de coups de feu violent et rapide a suivi. L'agent Reilly gisait raide sur le sol. Nous pensions qu'il était mort, mais nous avons vite découvert qu'il ne faisait que faire semblant.

Le sergent Wallace s'est battu jusqu'au bout. Un homme plus courageux que je n'ai jamais vu dans les rangs de l'ennemi. Nous l'avons appelé à plusieurs reprises à se rendre, mais il n'a jamais répondu, même lorsque ses hommes l'ont abandonné. La confusion et la panique étaient indescriptibles. Comme nous étions à l'étroit dans l'espace, nous étions en danger non seulement par les balles de la police, mais aussi par celles de nos propres hommes. Et pendant tout ce temps, nous luttions pour faire sortir notre camarade menotté.

Nous avons remis notre camarade en toute sécurité. Pendant ce temps, le sergent Wallace avait également eu du mal à atteindre la plate-forme. J'ai regardé autour de moi. Je savais que j'étais blessé, mais, dans l'excitation, je ne pouvais pas savoir où ni dans quelle mesure, même si je savais que c'était dans la région du poumon.

Soudain, j'ai réalisé que Treacy, Ned O'Brien et Scanlon étaient également blessés et que nous étions les quatre seuls à avoir des armes. Le sang coulait de nous tous. Les trois autres avaient perdu leurs armes au cours du combat. J'étais seul en mesure de me battre, et j'avais plus qu'à affronter le courageux sergent, car l'agent Reilly, qui avait fait semblant de mourir tout à l'heure, était maintenant sur la plate-forme, tirant continuellement avec son fusil. Une deuxième balle trouva maintenant sa cible en moi. J'ai reçu une balle dans le bras droit. Si l'agent Reilly avait été aussi calme que le vieux sergent, aucun d'entre nous ne s'en serait jamais sorti vivant. Il a vu mon revolver tomber de ma main blessée et il m'a vu le reprendre. S'il avait été rapide, il m'aurait brisé la cervelle avant que j'en ai eu l'occasion. Je m'étais toujours préparé à une telle urgence. Je m'étais entraîné de manière à être aussi bon tireur de la main gauche que de la droite. J'ai tiré à nouveau, et sur Reilly, et quand il m'a vu lever mon arme, il s'est retourné et s'est enfui sur la plate-forme.

Cependant le sergent s'était effondré sur la plate-forme, et la victoire était à nous. Reilly s'est échappé parce que j'étais aveuglé par le sang et incapable de viser fermement ; mais je m'assurai qu'il ne se retournerait plus, pendant que le reste de mes camarades emportaient Hogan en toute sécurité.

Nous avons laissé le gendarme mort et le sergent mourant à la gare de Knocklong. Les gens s'étaient enfuis du quai, terrorisés, et de nombreux passagers avaient sauté sauvagement du train. Même le conducteur de la locomotive, qui n'avait apparemment pas entendu les premiers coups de feu, était sur le point de démarrer le train après le retard habituel alors que la bataille était encore en cours, lorsqu'une jeune fille lui a dit qu'une bataille avait lieu. La même fille déclare également qu'elle a vu plus tard Reilly prier près de la gare.

Tard dans la soirée, le cadavre d'Enright a été transporté dans le train pour Kilmallock, tout comme le sergent Wallace qui a vécu jusqu'au lendemain après-midi.

Lors de l'enquête qui a suivi, il n'y avait bien sûr personne d'autre que Reilly pour donner sa version du combat. L'un des jurés a déclaré avec audace à la police : « Vous essayez simplement de raconter votre propre histoire à votre manière. » Les témoins de la police n'ont pas été autorisés par leurs supérieurs à répondre à des questions importantes susceptibles de montrer que nous n'aurions pas abattu leurs hommes s'ils s'étaient rendus.

L'enquête a également été remarquable par le fait que le jury a non seulement refusé de prononcer un verdict de meurtre, mais s'est même prononcé. Je cite le journal du 22 mai : « Condamnant l'arrestation de personnes respectables et exaspérant le peuple, et appelant à l'autodétermination de l'Irlande, et accusant le gouvernement d'exposer la police à un danger. » Nos efforts portaient leurs fruits. Les gens ordinaires se rendaient compte que notre combat était pour la liberté irlandaise. Ils comprirent aussi que nous n'avions aucune inimitié contre la police en tant que telle, si elle se limitait au travail de la police ordinaire ; mais lorsqu'ils devinrent espions et soldats à la solde de l'Angleterre, nous dussions les traiter en conséquence.

C'est l'histoire vraie de Knocklong, condamnée à l'époque par l'archevêque, les prêtres et la presse — les mêmes qui, deux ans plus tard, nous auraient traités en héros et se seraient vantés haut et fort de « la liberté que nous avions conquise ». Le temps fait des merveilles !

Les héros du combat étaient Sean Treacy et les deux O'Brien. Dans le chapitre suivant, je dois raconter notre évasion tout aussi passionnante de la scène, et l'histoire que notre camarade sauvé a dû raconter lorsque nous lui avons de nouveau serré la main.

CHAPITRE XII.
NOTRE ÉVASION DE KNOCKLONG.

Avant de décrire notre évasion de Knocklong et les aventures qui ont suivi, je dois m'arrêter pour décrire les expériences de notre camarade Sean Hogan depuis son arrestation quelques jours auparavant. Ils jettent un éclairage intéressant sur les méthodes des Peeler, même si à cette époque ces méthodes n'étaient pas aussi froides et barbares qu'elles le sont devenues en un an.

Lorsque le bal s'est terminé ce matin-là à Ballagh et que nous étions tous partis dormir chez O'Keeffe, Sean Hogan a remonté la route avec Brigid O'Keeffe jusqu'à Meagher's, d'Annfield. Il s'agissait de la même famille Meagher chez laquelle nous avions si peu échappé quelques mois auparavant, lorsque le mouchoir agité de la jeune fille nous avait avertis du danger. Miss O'Keeffe était une cousine des Meagher et elle avait décidé de monter chez eux pour le petit-déjeuner.

Sean était tellement endormi qu'il s'est endormi à table. Une fois le petit-déjeuner terminé, il ôta sa ceinture et son revolver et s'allongea pour se reposer sur un canapé. M. Meagher et ses deux filles étaient à cette époque occupés dans la basse-cour, se préparant à envoyer le lait à la crémerie.

Sean a été soudainement réveillé de son sommeil par le cri d'avertissement : « La police arrive sur la route ! Il se leva d'un bond, mit sa ceinture et se dirigea vers la porte, le revolver à la main.

Les Meagher avaient vu la police à bonne distance, mais Sean ne pouvait pas les voir depuis la maison. Pensant qu'ils venaient du côté nord, il a couru depuis la maison dans la direction opposée, le long d'un champ beaucoup plus bas que le niveau de la route. Arrivé au bout du terrain, il se crut désormais hors de danger, rangea son revolver et sauta sur la route, dans les bras de six policiers. En fait, ils venaient du sud et l'avaient bien vu alors qu'il courait le long du champ depuis la maison.

Sean a été immédiatement menotté et son revolver saisi. Ses ravisseurs l'ont reconduit sur la route jusqu'à Meagher's, juste au moment où une autre section de policiers sortait par la porte, après avoir fouillé la maison à la hâte. Ils n'ont pas reconnu Sean et il a refusé de donner son nom. Juste au moment où il était expulsé, Miss O'Keeffe est venue lui serrer la main en lui disant : « Au revoir, Sean. C'était la seule partie de son nom qu'ils connaissaient. Ils l'ont apparemment prise pour un membre de la famille Meagher, car s'ils l'avaient reconnue comme l'un des O'Keeffe, ils seraient probablement descendus sur la route pour fouiller sa propre maison, où nous nous trouvions à ce moment-là.

Le sergent Wallace était responsable du groupe de police, et avec lui se trouvaient Reilly et Ring, entre autres. Ils ont emmené leur prisonnier jusqu'à la caserne de Roskeen et ont immédiatement fait savoir à Thurles qu'ils avaient capturé un homme armé dont le prénom était Sean. Un fourgon de police de Thurles arriva bientôt pour escorter leur prisonnier jusqu'à cette ville, et l'un des membres du groupe le reconnut comme l'un des hommes très recherchés de Soloheadbeg.

Après son arrestation, l'un des Meagher a couru sur la route jusqu'à la maison de Patrick Kinnane, entre celle de Meagher et celle d'O'Keeffe, et lui a demandé de nous informer de l'arrestation de Sean.

Lorsque Sean Hogan est tombé entre leurs mains, les Peelers ont utilisé tous les subterfuges pour l'amener à divulguer des informations. Ils essayèrent d'abord de lui soutirer des informations, car ils voyaient qu'il n'était qu'un simple garçon. Leurs efforts ont échoué, puis leur tactique a changé. Ils le frappèrent et le battirent sans pitié, mais encore une fois ils échouèrent dans leur projet ; car si Sean Hogan n'était qu'un garçon depuis des années, il était un homme fort de caractère et loyal envers ses camarades. Il ne dirait pas un mot, même s'ils le torturaient à mort.

Puis ils essayèrent encore un autre plan. L'un des policiers, se faisant passer pour son ami et conseiller, lui dit tranquillement qu'il avait été trahi par Breen et Treacy, qui, disaient-ils, étaient alors en route pour Londres, après avoir obtenu une grâce gratuite et une énorme somme d'argent. de l'argent pour les informations qu'ils avaient données. Cela a été suivi par une allusion directe que si Hogan complétait les informations par la connaissance qu'il avait de l'organisation et de ses plans, lui aussi serait bien récompensé et se verrait aidé à quitter le pays au lieu de se retrouver sur le terrain. chemin vers la potence. Mais JJ connaissait trop bien ses anciens camarades pour penser un instant qu'ils l'avaient trahi ou abandonné. Toutes les menaces et les cajoleries des Peelers furent vaines. Il refusa de répondre à leur question et, finalement, ne fit pas semblant de les entendre.

Finalement , il fut mis à bord du train pour la prison de Cork dans la soirée du 13 mai. Thurles n'est qu'à environ 30 miles de Knocklong, et au moment où cette station a été atteinte, l'histoire était une fois de plus en train de se répéter. La nuit précédente, lorsque je passais à Ballyneety, mon esprit était revenu à l'époque de Sarsfield ; à l'épisode historique de la destruction du train de troupes du roi Guillaume. Il n'y a pas d'histoire que j'aimais plus en tant que garçon. C'était une histoire d'audace et de triomphe dramatique, et j'imaginais la consternation des troupes anglaises dont le mot de passe était « Sarsfield », lorsqu'en réponse à leur défi vint la sombre réponse : « Sarsfield — et Sarsfield est l'homme ! Souvent, quand j'étais enfant, je rêvais à quel point j'aurais été fier si j'étais avec le petit groupe de Sarsfield ce soir-là, partant de Limerick pour semer la terreur dans le cœur des envahisseurs.

GARE FERROVIAIRE, KNOCKLONG.

Dans le train de Thurles à Knocklong, le sergent Wallace n'a jamais cessé de narguer Hogan avec son sort. À plusieurs reprises en chemin, il demandait avec une moquerie sauvage : « Où est Breen maintenant ? et pour ajouter au malheur de son prisonnier impuissant, il accompagnait chaque question d'un coup de baïonnette. Voilà quelques-unes des choses que le monde ignorait lorsqu'il nous considérait pendant longtemps comme des meurtriers de sang-froid. Beaucoup de nos hommes peuvent raconter de telles histoires et produire leurs propres corps comme preuve, tout comme l'état du pauvre Hogan nous en a témoigné lorsque nous l'avons secouru.

Alors même que le train arrivait à Knocklong, Wallace répéta une fois de plus sa question moqueuse : « Où sont Breen et Treacy maintenant ? Ils t'ont vendu pour te faire pendre. Avant qu'il ait fini sa question, Breen et Treacy lui ont fourni la réponse – une réponse à laquelle il ne s'attendait pas, et qui l'a empêché de poursuivre sa promotion dans ce monde.

Et maintenant, reprenons mon récit. Lorsque le dernier coup de feu a été tiré et que l'agent Reilly s'est enfui des lieux, nous avons quitté la plate-forme. Les gens étaient terrorisés. Beaucoup avaient fui la gare, terrorisés. D'autres s'étaient réfugiés près des murs et des portiques. Quelques-uns, trop abasourdis pour prendre la fuite, nous regardèrent avec étonnement. Personne n'a osé s'approcher de nous, et je ne suis pas surpris, car jamais auparavant le vieux Galteemore n'avait méprisé une fête aussi étrange dans une station de campagne jusqu'alors calme et paisible. Nous étions neuf en tout, un prisonnier menotté et quatre blessés et éclaboussés de notre sang et de celui de nos ennemis.

Je n'étais plus capable de marcher et je comprenais maintenant que mon dernier coup avait été tiré avec mon revolver et qu'il pouvait à tout moment être jugé hautement souhaitable de le recharger, mais mon bras droit était mort et je ne pouvais pas recharger. . J'ai regardé autour de moi. À l'extérieur de la gare, j'ai vu une automobile qui attendait visiblement quelqu'un qui devait venir du train. Mon revolver vide levé dans la main gauche, j'ai retenu la voiture. Je pense que mon apparence était suffisante pour inspirer la terreur à n'importe quel chrétien, sans parler de lever mon arme. Un accès de vertige, probablement dû à mes blessures et à ma perte de sang, m'avait saisi sur la plate-forme, alors que je me dirigeais vers la porte, et j'étais tombé lourdement contre le mur, et le sang jaillissait de ma tête. Je pouvais à peine marcher. Je me suis frayé un chemin à tâtons. Les gens autour de moi ont couru à ma vue, beaucoup d'entre eux hurlant. Enfin , quelqu'un vint à mon secours. Il était vêtu de kaki : c'était un Irlandais dans l'armée anglaise ! L'ironie même de la situation me fait sourire aujourd'hui. Je pense que c'était le même homme qui avait crié « Up the Republic » dans le train, même si je n'en suis pas sûr, car certains m'ont dit par la suite qu'il y avait un soldat américain également en kaki à la gare ce soir-là - je crois aussi. , que le soldat qui acclamait la République fut ensuite traduit en cour martiale par ses officiers — mais quel que soit celui qui m'a aidé, si ses yeux surprennent ces paroles, qu'il accepte mes remerciements ; J'ai oublié de lui montrer ma gratitude à ce moment-là.

En m'appuyant sur son bras, j'ai lutté depuis la gare jusqu'à la route. Il me liait à moitié et me portait à moitié car je m'affaiblissais à chaque instant. Probablement, je perdais aussi la raison, car j'avais complètement oublié l'utilisation de la voiture que j'avais brandie et je l'ai laissée derrière moi.

Le reste du groupe était dehors, sur la route. Avec un couteau de boucher, acheté auprès d'un homme nommé Walsh, ils ont brisé les menottes qui liaient Sean Hogan, et il était à nouveau un homme libre. Les hommes non blessés l'ont pris en charge et l'ont amené en lieu sûr.

Les quatre autres d'entre nous – Ned O'Brien, Treacy, Scanlon et moi – nous sommes tournés vers celui de Shanahan. Je me souviens à peine de ce voyage ; il faisait sombre et nous ne connaissions pas bien la route. Je perdais du sang tout le temps. Cela a dû nous prendre des heures pour arriver à la maison. Nous étions tous faibles. Dans un champ en chemin nous avons rencontré des gars du quartier. Ils sont venus à notre secours et nous ont aidés à atteindre notre destination.

On me mit aussitôt au lit, et on fit venir le curé et le médecin. Les deux arrivèrent bientôt. Le Dr Hennessy, de Galbally, a été très gentil avec moi, mais le prêtre et le médecin considéraient mon cas comme désespéré. On m'a dit qu'il ne me restait plus que vingt-quatre heures à vivre, car la balle m'avait traversé le corps en traversant le poumon et j'avais perdu une énorme quantité de sang. Cette nouvelle était assez triste, mais je n'avais même pas droit à vingt-quatre heures pour mourir en paix.

Quand je suis arrivé chez Shanahan, mes camarades avaient immédiatement mobilisé une garde armée sous la direction d'un type nommé Clancy, de Cush, Knocklong. Je ne devais pas tomber vivant entre les mains des Britanniques. Des éclaireurs furent envoyés pour surveiller toutes les entrées de la maison. Nous savions que le pays serait balayé par des colonnes de troupes et de policiers. Tout au long de la nuit – comme je l'ai appris plus tard – des renforts ont été dépêchés dans le quartier et les garnisons de police ont été renforcées à Doon, Oola, Galbally et dans tous les villages et villes locaux. Pendant des jours, des fouilles de maison en maison ont été effectuées dans cette partie d'East Limerick et de South Tipperary, et même les cimetières ont été inspectés à la recherche de tombes fraîches, les journaux rapportant que « deux des assaillants auraient été mortellement blessés ».

Je ne peux pas non plus m'empêcher de rappeler à ce stade un incident survenu lors de cette soirée mémorable. On me l'a dit par la suite de la meilleure autorité. Quatre policiers d'Elton, à quelques kilomètres de Knocklong, entendirent les coups de feu au commissariat et prirent la fuite vers leur caserne. Ils sont restés là, et avec la porte verrouillée, jusqu'à ce que l'inspecteur du comté Egan arrive dans une automobile et la cambriole en criant : « Espèces de lâches ! Ici, vous vous cachez, tandis que quatre de nos hommes sont fusillés, ainsi que les meurtriers en liberté !

Mais quelques heures après mon arrivée chez Shanahan, alors que le prêtre et le médecin m'avaient soigné, nos éclaireurs se sont précipités pour annoncer que les raids ennemis étaient sur nos talons. Un conseil de guerre précipité eut lieu. Mes camarades se procurèrent une automobile et m'emmenèrent encore une fois, sans même prendre le temps de dire une prière pour l'homme qui devait mourir le lendemain. Ils m'ont conduit à travers la ville de Kilmallock, et je n'ai su que le lendemain après-midi que nous avions effectivement dépassé la caserne du RIC où le gendarme Enright mort et le sergent mourant avaient été emmenés de Knocklong. Mais il n'y avait pas d'autre moyen de s'échapper : il fallait sortir du filet qui se resserrait autour de Knocklong. Nous avons tenté notre chance et la chance nous a été favorable. Mes camarades étaient pleinement conscients de la gravité de la situation et des risques qu'ils prenaient en traversant la ville de Kilmallock en voiture, mais j'étais parfaitement inconscient de tout, sauf du fait que j'allais bientôt « traverser le Jourdain ». Nos garçons ont toujours cru que celui qui met la main à la charrue ne doit pas revenir en arrière. Ils n'ont jamais su ce que signifiait « revenir en arrière ». Leur esprit directeur était « On, toujours allumé ». C'est cet esprit qui les a menés à travers le combat le plus glorieux de l'histoire irlandaise. C'est l'esprit qui les mènera jusqu'au bout.

Quand je me suis réveillé le lendemain, j'étais de nouveau à West Limerick, sous la garde de Sean Finn.

Permettez-moi de faire une nouvelle pause pour vous raconter la suite du sauvetage de Knocklong. Tous ceux d'entre nous qui ont participé étaient soit déjà en fuite, soit devaient désormais s'enfuir, à l'exception de Sean Lynch et de JJ O'Brien, qui sont retournés à leurs affaires. Tous deux rejoignirent ensuite la célèbre colonne South Tipperary de Dinny Lacy et combattirent tout au long de la guerre des Noirs et Feu. Ned O'Brien et Scanlon ont dû fuir peu après vers l'Amérique, car leur santé était affectée. Ils sont désormais de retour en Irlande.

Un an plus tard, un frère de Scanlon fut abattu par les Britanniques à Limerick City alors qu'il était prisonnier entre leurs mains. Après le sauvetage, plusieurs arrestations ont été effectuées par les Britanniques sur des soupçons. Tous, sauf trois, ont finalement été libérés ; mais les pauvres Martin Foley et Maher, après avoir été détenus pendant près de deux ans, furent pendus à Dublin, le 6 juin 1921, soit un mois avant la trêve. Le troisième prisonnier, un ancien militaire (britannique), a été jugé mais acquitté.

A West Limerick, mes camarades et moi avons reçu refuge et hospitalité. Sean Finn était la gentillesse incarnée et, en effet, tout le monde autour de lui était également bon envers nous. Les Sheehan, Keane, Long, Duffy et Kennedy étaient particulièrement gentils et de bonne humeur ; mais nos bons moments ne duraient pas longtemps. L'ennemi était de nouveau sur notre piste. Nous avons été informés de tous ses déplacements par nos services secrets, car vous devez comprendre que peu importe où nous allions, il était nécessaire pour nous de rester en contact avec notre service de renseignement.

Nous nous sommes déplacés plus à l'ouest, vers la frontière du Kerry. Même ici, nous avons trouvé que la piste était trop chaude et nous avons dû traverser la frontière vers Kerry même. À ce moment-là, j'étais sur la voie de la guérison. Puis, comme plus tard, j'ai pris l'habitude de briser tous les précédents médicaux et d'insister pour vivre alors que, selon toutes les règles du jeu, j'aurais dû mourir. Au moment où je suis arrivé à Kerry, j'étais même capable de marcher un peu, même si j'avais besoin d'un peu de soutien. Mais je ne pouvais pas marcher bien loin. C'était pour nous un plus grand inconvénient, car les troupes anglaises étaient si occupées à parcourir pour nous la campagne, jour et nuit, que nous n'osions songer à utiliser des automobiles ou des véhicules de quelque sorte que ce soit, les routes nous étant interdites.

Une caractéristique intéressante a toujours allégé notre charge. C'était le sens de l'humour de Sean Treacy. Peu importe à quel point les perspectives étaient sombres, Sean avait sa petite blague et nous devions rire avec lui. A Knocklong, il avait reçu une balle dans les dents et dans la bouche, et pendant longtemps après, sa bouche était très douloureuse. À cette époque, je souffrais encore gravement de ma blessure aux poumons et au corps. D'où les difficultés pour nous deux de satisfaire nos appétits. "Dan", m'a dit Sean, "J'aurais aimé avoir ta grosse tête pendant une demi-heure. J'ai terriblement faim, mais je ne peux pas manger. Vous pouvez bien manger, mais vous ne le ferez pas. Une autre nuit, à une autre occasion, nous traversions Cullen jusqu'à Tipperary. C'était un district très dangereux pour nous, car il se trouvait dans la région de la loi martiale et n'était qu'à quelques kilomètres de Soloheadbeg ou de Knocklong. De plus, étant proches de notre commune natale, nous courions toujours le risque d'être vus et connus de trop de monde. Soudain, alors que nous roulions à toute vitesse, Sean nous a demandé de nous arrêter. Nous avons été quelque peu surpris, car nous savions combien tout retard pourrait signifier pour nous tous, mais nous sommes descendus de cheval. Il pleuvait en même temps comme un déluge. Sean s'est tourné vers chacun de nous tour à tour et nous a demandé solennellement une épingle. Chacun de nous disait que nous n'avions pas une telle marchandise, la vérité étant que personne ne souhaitait ouvrir son manteau par une telle nuit.

"Pourquoi veux-tu une épingle?" Je lui ai demandé.

"Eh bien," répondit-il, "j'ai peur que ma cravate ne pend pas droite!"

Je n'ai jamais eu autant envie de donner un coup de poing à mon ancien camarade. Je suis sûr que c'était la même chose avec les autres ; mais nous avons dû rire pendant que nous montions et avancions en faisant des remarques qui n'étaient pas très élogieuses à l'égard de l'orgueil de certaines personnes. De tels petits incidents nous aidaient dans notre route et contribuaient souvent à dissiper l'obscurité qui nous entourait.

Mais pour reprendre notre histoire. Nous restâmes à Kerry quelques jours, nous amusant de temps en temps à lire les nombreux récits grotesques publiés sur le sauvetage de Knocklong. Jour après jour aussi, nous lisions la dénonciation de notre terrible crime (de sauver notre jeune camarade), par des prêtres, des évêques et des hommes politiques. Nous lisons le message de sympathie du roi aux proches de ses pauvres mercenaires, ainsi que celui de Lord French. La plupart des gens de Kerry avec qui nous sommes entrés en contact ont été très gentils avec nous ; par-dessus tout, nous ne pourrons jamais oublier les O'Connor, les Hickey et les Ahearn.

Après notre séjour dans le Kerry, nous sommes retournés dans le comté de Limerick, en longeant constamment les rives du Shannon. Nos blessures guérissaient rapidement et nous nous sentions de nouveau forts. Nous allions nous baigner presque tous les jours et nous pêchions beaucoup. Il fallait faire quelque chose. Aucun d'entre nous ne pourrait jamais supporter une journée d'inactivité.

CHAPITRE XIII.
BEAUCOUP DE RASAGES DE PRÈS.

Un jour, alors que nous étions encore à West Limerick, nous avons probablement réussi à nous échapper de justesse après l'affaire de Knocklong. C'était en juin 1919. La pure chance nous a conduits à 800 mètres d'un grand mouvement encerclant destiné à nous capturer.

C'était la sixième grande tentative de l'ennemi pour nous prendre au piège, et chaque fois il engagea des milliers de soldats pour en attraper quatre. Ils savaient bien maintenant que chacun de nous quatre opposerait une résistance armée, et que si la chance leur était favorable, beaucoup d'entre eux tomberaient pour ne jamais se relever, avant de nous faire mourir ou vifs. Des récompenses libérales étaient désormais offertes publiquement et en privé pour toute information concernant nos mouvements. Nos descriptions ont été publiées et même larguées depuis des avions militaires, avec la promesse de l'or britannique à quiconque voudrait nous dénoncer. C'était un devoir particulier pour chaque policier irlandais et pour chaque officier des renseignements de l'armée d'occupation britannique d'apprendre notre description. À cette époque également, le gouvernement britannique perfectionnait ses services secrets en Irlande. Il y a toujours eu une organisation coûteuse des services secrets, maintenue pendant des générations ; mais il ne s'agissait pas d'un travail dangereux, lié principalement aux activités de politiciens inoffensifs. Mais à présent, le travail devenait plus dangereux. En outre, nos services secrets devenaient désormais une chose avec laquelle il fallait compter ; Le château de Dublin a dû se mobiliser. Comme nous le savions bien, les fonctionnaires étaient à maintes reprises sévèrement réprimandés pour ne pas avoir réussi à nous attraper. Ils répondaient toujours que les gens ne donneraient aucune information, que les informateurs étaient très peu nombreux et très prudents et qu'on pourrait demander de l'aide à Scotland Yard. Ils laissaient entendre en même temps que quelques Irlandais vivant en Angleterre pourraient être contactés pour entreprendre du travail dans les services secrets, car il était désormais très peu possible d'en recruter en Irlande.

C'est donc à l'été de cette année que le gouvernement britannique a réorganisé ses services secrets en Irlande, en s'appuyant principalement sur d'anciens soldats d'origine irlandaise. Les journaux de l'époque peuvent dire combien d'entre eux payèrent le prix de leur trahison au cours des deux années qui suivirent. Nous les avons tous découverts d'une manière ou d'une autre. Si une raison plus qu'une autre explique le succès de l'IRA, c'est que nous avons rencontré et brisé leurs services secrets à chaque mouvement, jusqu'à ce qu'en fin de compte, dans la pratique, il n'y ait plus rien de tel qu'un corps de renseignement britannique.

Encore un mot à ce sujet. Je sais qu'à l'époque, beaucoup de gens étaient surpris du nombre d'hommes retrouvés avec une étiquette sur leurs cadavres : « Espions, méfiez-vous – exécutés par l'IRA. » Certains se demandaient si des erreurs avaient été commises, si l'un de ces hommes avait été tué. exécuté sans preuves suffisantes. Je peux dire que parmi les cas dont j'ai eu connaissance, il y avait toujours suffisamment de preuves pour convaincre les plus scrupuleux. Nous n'avons commis aucune erreur, à moins de laisser s'échapper de nombreuses personnes contre lesquelles il existait de nombreuses preuves, tout en leur accordant le bénéfice du moindre doute.

Mais le « Knocklong Gang », comme on nous appelait parfois, je crois, a toujours déjoué les espions et les bataillons envoyés pour les rassembler. Souvent, je le sais, ils ont obtenu d'assez bonnes informations sur nous. A cette époque à laquelle j'ai fait référence — juin 1919 — par exemple, il est probablement vrai qu'ils savaient que nous étions parfois à West Limerick ou à North Kerry, près de l'embouchure du Shannon. Après ce grand raid, que nous avons raté de si peu, nous avons jugé sage de changer encore une fois de quartier et nous avons traversé East Clare, longeant toujours les rives du Shannon. Nous nous maintenions en forme grâce à beaucoup d'exercices, principalement en nageant, car nous avions l'idée qu'un bon coup dans l'eau pourrait, à un moment ou à un autre, nous aider à nous sortir d'un virage serré. Personne ne pourrait dire que nous ne vivions pas la vie saine des hommes primitifs à cette époque. Bien souvent, nous avons profité de dix ou douze heures d'un magnifique bain de soleil d'été. Un jour, alors que nous étions à Clare, nous nous prélassions au bord du Shannon lorsqu'un bateau tenu par la police est passé juste à côté de nous. Nous n'y avons pas prêté particulièrement attention à l'époque, pensant que tout cela n'était qu'une simple coïncidence. De retour à la maison dans laquelle nous logions ce soir-là, nous avons appris avec surprise que le bateau faisait partie d'une équipe de recherche qui avait repris notre piste. Ils n'avaient jamais soupçonné qui nous étions, de sorte qu'une fois de plus notre imprudence nous avait sauvés – ou eux ?

Les policiers avaient probablement des yeux scrutant les coins des rochers ou scrutant sous les buissons là où ils s'attendaient à ce que nous nous cachions. Cela les étonnerait de savoir que nous étions souvent à portée de voix de leur propre caserne. C'est un fait positif que souvent une seule brique nous séparait d'une garnison de police, et plus d'une fois nous étions des spectateurs intéressés regardant depuis la fenêtre des camions chargés de troupes sortir à notre recherche.

Il existe une autre explication possible à de tels incidents, comme celui du Shannon. Je suis sûr que plus d'un policier que nous avons rencontré sur une route de campagne se doutait de qui nous étions ; mais ces Peelers considéraient souvent la discrétion comme la meilleure partie du courage. On ne nous a jamais demandé de produire des cartes de visite. Dans de telles circonstances, beaucoup de policiers seraient convaincus qu'il ne servirait pas sa femme et sa famille en tentant de nous arrêter. Je ne dis pas non plus qu'il avait tort.

En peu de temps, Clare est devenue trop chaude pour nous. Les frères Brennan n'étaient pas dans les meilleurs termes avec les garnisons britanniques de ce comté, et finalement les relations devinrent si tendues que les Britanniques y proclamèrent également la loi martiale. Martial Law et nous n'avons jamais été de très bons amis ; peut-être était-ce parce que nous nous connaissions trop bien. Quoi qu'il en soit, nous traversâmes à nouveau le Shannon et nous retrouvâmes cette fois à North Tipperary.

C'est chez une famille appelée Whelehan que je suis entré en contact pour la première fois avec Ernie O'Malley. Whelehans était très gentil avec nous. Pendant que j'étais là-bas, « Widger » Meagher et Frank McGrath, tous deux athlètes célèbres et ce dernier commandant de brigade de l'IRA à North Tipperary, nous ont rendu visite.

Nous avons passé un moment à Mid. et South Tipperary aussi. A cette époque, l'argent était l'un de nos plus grands besoins. Beaucoup, nous le savions, nous le donneraient volontiers, mais il n'était pas facile d'entrer en contact avec les bonnes personnes. Les personnes que nous avons le plus rencontrées étaient, comme nous, en fuite et sur les rochers.

Eamon O Duibhir, de Ballagh, dans la maison duquel, vous vous en souviendrez, la danse avait lieu la nuit où Sean Hogan a été capturé, était un bon ami pour nous et nous a fourni de l'argent. Une fois, nous avons dû dormir dans un vieux château, Castle Blake, près de Rockwell College. Ce vieux château en ruine fut plus tard un bon ami pour de nombreux garçons en fuite, car il possédait une sorte d'appartement secret. Au début de la guerre civile , ce fut le théâtre d'une triste tragédie lorsque deux républicains, Theo English, de Tipperary, et Mick Summers, furent surpris par les troupes de l'État libre et tués dans la confrontation qui suivit.

Finalement , nous sommes redevenus rétifs. Le pays montrait des signes de suivre notre exemple, mais à cette époque, les signes étaient rares : une attaque étrange contre une caserne de police et la capture d'un ou deux fusils sur un soldat ici et là. Nous avons estimé que le moment était venu d'agir de manière plus énergique et plus générale. Nous savions que nous ne pouvions en aucun cas rester en sécurité à Tipperary ou au-delà de la frontière d'Offaly. Nous avons discuté de notre position à maintes reprises et avons toujours convenu que nous ne pouvions pas continuer la vie que nous menions actuellement. Pour éviter d'être expédiés ou exilés en Amérique par ceux qui auraient dû nous soutenir, nous avons dû éviter Dublin et rester dans une partie reculée du pays. Nous ne nous contentions plus d'accepter cette condition. Nous voulions savoir exactement quelle était la situation du pays, quelle était notre situation et quelle était la situation de l'ensemble de l'Armée des Volontaires. Finalement, Sean Treacy et moi, quittant Robinson et Hogan à North Tipperary, sommes allés directement à Dublin. Nous n'avons eu aucune aventure en chemin. À Maynooth, nous avons fait appel à Donal Buckley, membre du Dail Eireann et homme qui avait marché jusqu'à Dublin pour participer à l'insurrection de 1916. Il s'est montré à la hauteur de son palmarès. Sa maison fut mise à notre disposition et nous y restâmes trois ou quatre jours, bien qu'il essayât de nous garder plus longtemps.

À Dublin, nous nous sommes dirigés à nouveau vers Phil Shanahan. Tous les hommes de Tipperary qui fuyaient ou qui voulaient un bon dîner se dirigeaient vers celui de Phil. Plus tard, nous avons rencontré Mick Collins, alors adjudant général des Irish Volunteers. Nous avons eu une longue discussion et nous avons parlé clairement. Finalement, Mick s'est engagé à faire en sorte que nous restions à Dublin. Forts de cette assurance, nous avons remonté nos vélos et sommes retournés au pays pour Seumas Robinson et Sean Hogan.

A cette époque, j'étais habillé en prêtre. Ce n'était pas un déguisement rare à l'époque. Les Peelers et les soldats soupçonnaient probablement qu'un bon nombre des prêtres qu'ils voyaient voyager en savaient plus sur les armes à feu que sur la théologie, mais ils les retenaient rarement. Ils n'étaient pas alors en guerre ouverte contre les hommes et les femmes, les prêtres et les enfants. Il y aurait trop de tumulte national si un prêtre était arrêté, et comme les vieux Peeler étaient encore majoritairement catholiques, ils accordaient le bénéfice du doute aux prêtres à l'air suspect. L'année suivante, non seulement ils arrêtèrent des prêtres, mais ils en emprisonnèrent plusieurs et en assassinèrent trois.

SEAMUS ROBINSON.

A cette occasion, lorsque je suis arrivé à Maynooth, j'ai découvert que mon pneu arrière était gravement crevé. Je ne pensais pas qu'il convenait à ma dignité de clerc de réparer moi-même la crevaison, et d'ailleurs je n'avais aucune patience pour ce genre de travail ; j'ai donc emmené ma machine chez un mécanicien de cycles local et lui ai demandé de la réparer immédiatement. Apparemment, c'était un homme qui croyait qu'il fallait que chaque client prenne son tour, car il m'a dit qu'il ne pourrait pas faire le travail avant quelques heures. Je lui ai fait remarquer que j'allais pour des affaires urgentes, mais cela ne servait à rien. Finalement, il m'a conseillé d'aller au Maynooth College, le plus grand collège au monde pour la formation des prêtres catholiques, où ils trouveraient facilement quelqu'un pour le réparer. Dans ma colère devant ce refus , j'oubliai un instant que j'étais en costume de ministre de la paix et de la bonne volonté. J'ai dit à ce mécanicien de cycles ce que je pensais de lui dans un langage plus énergique que sacerdotal, et je suis sûr que le pauvre homme a été étonné et choqué par les libertés que les clercs d'aujourd'hui prennent avec la langue anglaise. Il me regardait toujours avec étonnement lorsque j'ai fait sortir mon vélo blessé de la porte.

Je n'avais aucune envie de visiter le Collège. Parmi les étudiants, je trouverais de nombreux amis prêts à m'aider, mais j'avais peur que le président et les professeurs ne soient pas très contents de trouver un tireur se faisant passer pour un ecclésiastique, et je doutais d'être capable de jouer ce rôle et de le faire. faire semblant d'être prêtre. Inutile de dire que je ne maîtrisais pas le latin, et j'ai toujours associé les prêtres à cette langue.

J'ai quand même dû réparer la crevaison. Dans un accès de bravade, je me tournai vers la caserne de police. A la porte, je rencontrai un policier qui me leva son chapeau, et avec un air de dignité qui eût fait honneur à un archevêque, je reconnus son signe de respect.

Je lui ai fait part de mes difficultés. Pourrait-il m'aider avec la crevaison ? « Bien sûr, Père, répondit-il, je peux vous obtenir tout ce que vous voulez en un rien de temps ; et si cela ne dérange pas Votre Révérence, je vous donnerai un coup de main dans cette tâche.

En deux minutes, toute la garnison était dehors, se bousculant dans son empressement à obtenir des solutions, des patchs et le reste du nécessaire. À l'intérieur de la porte, je pouvais voir des dizaines d'avis imprimés et de documents officiels collés sur les murs. Parmi eux, je n'en doute pas, se trouvait une description détaillée de Dan Breen et la promesse d'une énorme récompense pour sa capture.

Une fois le travail terminé, j'ai remercié chaleureusement les Peelers pour leur gentillesse et je suis parti. Je suppose que c'était discourtois de ma part de ne pas avoir laissé ma carte au sergent.

Cette nuit-là, j'atteignis les frontières de Tipperary et d'Offaly et rencontrai les autres. Quelques jours plus tard, nous étions tous les quatre installés en toute sécurité à Dublin, qui devait être notre nouveau quartier général pour les mois à venir. En quelques semaines, nous projetions de soulever le monde en abattant le chef du gouvernement britannique en Irlande.

CHAPITRE XIV.
SUR LES PISTES DE LORD FRENCH.

Lorsque nous arrivâmes à Dublin à l'automne 1919, de nombreux signes laissaient penser que la guerre avec les Britanniques allait bientôt se développer. Tout bon juge de la situation à l'époque aurait pu prévoir la guérilla intense qui allait s'ensuivre pendant un an et demi. Les raids pour obtenir des armes se multiplient et les attaques contre les patrouilles de police ne sont pas rares. Mais la guerre ouverte n'était pas encore développée. Les soldats et la police britanniques pouvaient se déplacer en toute sécurité. Notre plus grand danger à Dublin provenait des hommes « G », de Scotland Yard de Dublin. Il s'agissait de la branche détective de la police métropolitaine de Dublin, payée par les contribuables de Dublin pour traquer les criminels, mais désormais principalement employée à des fins politiques ou militaires. Loin de consacrer leur attention aux classes criminelles, nous savions que beaucoup d'entre eux utilisaient en fait les criminels comme « rabatteurs » ou « observateurs » auprès des hommes de l'ombre, ou pour obtenir des informations. À l'automne 1919, les hommes « G », qui étaient au nombre de quelques dizaines au total, étaient principalement engagés dans l'assistance et le guidage de l'armée britannique lors de raids nocturnes contre les maisons du Sinn Feiners, ou dans des raids visant à saisir la littérature du Sinn Fein. Ils se sont même rendus aux rassemblements du Sinn Fein pour prendre note des discours, et bien que beaucoup d'entre eux étaient connus par apparence de presque tout le monde à Dublin, ils n'avaient pas peur, car à cette époque, ils obtenaient rarement plus qu'une cachette s'ils étaient identifiés. . Jour après jour, on lisait dans les journaux des perquisitions dans les maisons de personnes inoffensives qui n'avaient jamais manipulé d'armes à feu de leur vie. C'est cette forme de petite tyrannie qui a poussé beaucoup de gens à agir. Des garçons et des filles, sans parler des hommes et des femmes, étaient emprisonnés pour des délits tels que la possession d'une copie d'une chanson irlandaise. C'était plus que ce que la chair et le sang pouvaient supporter.

Vers la fin de l'année, plusieurs hommes « G » notoirement odieux ont été abattus ou blessés dans les rues et, dans tous les cas, leurs assaillants ont réussi à s'enfuir sains et saufs. Tous les autres moyens de ramener ces hommes à la raison ou de leur faire comprendre qu'ils jouaient le rôle d'espions et de traîtres avaient été essayés mais avaient échoué. À la suite des attaques massives lancées contre eux, il leur fut finalement impossible de vivre dans leurs maisons, ni même de s'aventurer dans les rues, et ils s'installèrent au château de Dublin, d'où ils sortaient de temps en temps. pour accompagner les raids des troupes armées. Beaucoup d'entre eux ont également démissionné lorsque la situation est devenue trop chaude pour eux. Je dois dire cependant qu'un petit nombre de ceux qui n'ont pas démissionné n'ont jamais été inquiétés, car ils se sont cantonnés uniquement à leur travail ordinaire d'arrestation des criminels. Ces hommes étaient convenus avec nous qu'ils pouvaient vaquer à leurs occupations à condition de ne jamais se livrer à des activités politiques ni aider l'armée. Quelques autres, restés dans les forces, rejoignirent ensuite nos services secrets et apportèrent une aide précieuse sous la forme de documents et d'informations officiels qu'ils étaient en mesure d'obtenir. Pour des raisons évidentes, je ne peux pas entrer dans les détails de ces questions.

Lorsque nous étions tous les quatre presque installés à Dublin et que nous connaissions bien la ville, nous avons vite été occupés, comme nous le souhaitions. De temps en temps, un homme « G » se mettait sur notre piste, mais nous nous sommes vite occupés de lui. Nous nous promenions dans Dublin en toute liberté et sans aucun déguisement. C'était une astuce courante de la part du RIC d'envoyer passer quelques jours un homme qui nous connaissait du comté de Tipperary dans l'espoir de nous voir. Ces hommes ont vite appris à faire preuve de bon sens. Ils rentrèrent chez eux aussi vite qu'ils le purent, car cela ne servirait pas leur santé de s'approcher trop près de nos talons. Il est probable que quelques-uns de ceux qui nous ont vu de temps en temps ont eu assez de sagesse pour ne pas nous connaître.

Nous avions beaucoup de bons amis à Dublin. Phil Shanahan était l'un de nos grands repaires, et l'un des souvenirs les plus amusants que j'ai de cette époque est une conversation que j'ai eue là-bas un soir avec un homme du DMP qui, bien sûr, n'avait aucune idée de qui j'étais. Il a discuté avec moi de la situation politique de manière très confidentielle, même des affaires Soloheadbeg et Knocklong. Il était entièrement d'accord avec les Sinn Feiners – il devinait que j'en faisais partie – mais il ne pouvait pas accepter l'élimination de la vie. Je pense avoir donné au pauvre homme l'impression que mes opinions étaient les mêmes que les siennes.

Ryan's, de la Monument Creamery, dans la rue Parnell , et Seumas Kirwan's nous ont également été portes ouvertes, en plus de bien d'autres que je mentionnerai au cours de mon récit. Bien sûr, nous rencontrions fréquemment des âmes sœurs comme Dick McKee, Peadar Clancy et Tom Keogh, car à cette époque, le nombre d'hommes armés actifs prêts à prendre tous les risques pour la cause du pays était faible. Beaucoup de ceux qui ont ensuite fait leurs preuves n'en ont pas eu l'occasion à cette époque, principalement parce que ceux qui étaient en faveur de mesures actives étaient rares. J'aurai l'occasion d'évoquer très prochainement l'attitude de l'état-major de l'IRA.

À l'automne, mes camarades et moi avons eu de longues et sérieuses discussions sur la politique consistant à tirer sur les policiers et les soldats.

Nous avons estimé que cela ne suffisait pas en soi. Nous avons soutenu qu'ils n'étaient que les outils d'hommes supérieurs. Leur perte ne troubla pas beaucoup l'Angleterre, car elle pouvait toujours se procurer d'autres dupes. Pourquoi, nous sommes-nous demandés, ne devrions-nous pas frapper les chefs mêmes du gouvernement britannique en Irlande ? Cela inciterait davantage le monde à s'intéresser au cas de l'Irlande ; cela semerait la terreur dans le cœur des hommes d'État anglais et se révélerait plus efficace pour contribuer à rendre impossible la domination britannique en Irlande. L'Angleterre pourrait bien continuer avec quelques policiers en moins ; il serait plus difficile de continuer sans Lord Lieutenant. En outre, il y avait des milliers de policiers ; mais seuls quelques-uns pouvaient devenir Lord Lieutenant, et ils y réfléchiraient à deux fois avant d'accepter ce poste s'ils devaient risquer d'être abattus.

À la suite de ces discussions, nous avons finalement décidé de préparer une attaque contre Lord French, le Lord Lieutenant lui-même. Les hommes courageux et de confiance à qui nous avions fait part de nos projets ont facilement accepté.

Pendant trois longs mois, nous l'avons observé, planifié et attendu. Nous avons subi de nombreuses déceptions amères en attendant. On le voyait très rarement désormais et était toujours accompagné d'une lourde escorte. Un grand secret a été observé concernant ses déplacements, même si nos services secrets nous ont tenus au courant. Même les fonctions publiques habituellement patronnées par les vice-rois étaient rarement assistées par Lord French. Il y avait à cela plusieurs raisons qui ne concernent pas mon histoire.

Il ne savait pas à quel point il avait échappé de justesse au cours de ces trois mois. Deux ou trois fois nous l'avons raté au bord d'une rue, modifiant son itinéraire d'un coin. C'était d'ailleurs l'un de ses projets fréquents : modifier son voyage par rapport au programme original. C'était une astuce pour contrecarrer tous les plans élaborés contre lui sur la base d'informations fournies de l'intérieur. Cela montrait le peu de confiance qu'il avait envers ceux qui l'entouraient. À une occasion, nous l'avons raté d'à peine une minute.

Durant ces trois mois, les derniers mois de 1919, nous n'avions pas prévu moins de douze embuscades différentes pour l'intercepter. Mais à chacune des douze occasions, soit il n'est pas venu, soit il est arrivé trop tard ou trop tôt pour notre objectif. Ces projets étaient liés aux affaires de la ville : fonctions publiques ou visites de maisons privées. Nous étions naturellement gênés, car nous ne pouvions pas nous permettre de rester trop longtemps dans un endroit particulier : nos mouvements susciteraient des soupçons et probablement une intervention soudaine de l'armée.

La première fois que nous attendions, Mick Collins était avec nous. Il en fut de même pour Tom MacCurtain, commandant de la 1ère brigade de Cork (ville), qui, en mars de l'année suivante, alors qu'il était lord-maire de Cork, fut assassiné dans sa propre maison par la police. Le pauvre Dick McKee était également là. Il était alors commandant de la brigade de Dublin et n'a jamais cru qu'il fallait demander à ses hommes de prendre des risques qu'il n'était pas prêt à prendre lui-même. Dick a été assassiné avec Peadar Clancy, alors qu'il était prisonnier entre les mains des Britanniques un an plus tard.

À une autre occasion, je me souviens avoir attendu en vain avec Peadar Clancy pendant deux heures devant la porte d'un médecin de Merrion Square à qui French rendait visite occasionnellement. Le 11 novembre, jour anniversaire de l'Armistice, le Lord Lieutenant devait assister à un banquet au Trinity College. Nous avions tous les espoirs de l'intercepter cette nuit-là. Notre plan était de bombarder sa voiture alors qu'il passait le pont de Grattan, car nous savions à quelle heure il devait parcourir les quais depuis la Loge Viceroyale jusqu'au Collège.

Nous étions si sûrs que tout se passerait comme prévu que certains de nos hommes, à proximité du pont, à moins de cent mètres du château de Dublin, avaient en fait dégainé et jeté les épingles de leurs bombes. C'était une nuit extrêmement froide, et ils se tenaient là, les doigts appuyés sur les ressorts de métal froid, prêts à larguer les bombes. Mais il n'est jamais venu. Pendant près de deux heures, nos hommes durent endurer l'angoisse de retenir les ressorts des bombes, et finalement ils durent s'enfuir du mieux qu'ils pouvaient, toujours agrippés aux bombes froides.

Quinze jours plus tard, French était attendu au château et, bien entendu, son voyage le ferait traverser le même pont. Nous connaissions les arrangements et avons repris nos positions. Le temps était extrêmement froid. C'était en début de matinée et soudain la neige commença à tomber. Mais la neige ne nous dérangeait pas. Le travail auquel nous nous attelions était trop sérieux pour être gêné par de telles bagatelles. Certains d'entre nous arpentaient le pont dans la neige aveuglante et se demandaient si nous allions être encore déçus, car l'heure fixée pour son arrivée était passée. Pendant que nous étions sur le pont, un ami qui nous a reconnus est passé et, réalisant évidemment que nous étions en train de travailler, a fait remarquer avec un sarcasme aigu : « C'est un endroit très pratique pour vous abriter de la neige ! Ses paroles nous ont fait comprendre notre position. N'importe qui dans les magasins autour du pont nous aurait immédiatement soupçonnés. Comme il ne semblait pas utile d'attendre plus longtemps, nous partîmes. Cinq minutes plus tard, des camions remplis de militaires se sont abattus sur le pont, ont retenu et fouillé tout le monde dans le quartier. Les détectives qui avaient été postés près de l'entrée du château de Dublin nous avaient vus sur le pont et avaient immédiatement téléphoné à la loge vice-royale, de sorte que French avait annulé son rendez-vous et que les troupes étaient venues à sa place. Nous venions de nous enfuir à temps. Un autre exemple de notre chance !

À toutes ces occasions, nos informations sur les arrangements de Lord French étaient absolument fiables. Sans doute a-t-il souvent modifié ses plans au dernier moment, craignant que nos sources de connaissances soient aussi solides qu'elles l'ont toujours prouvé.

Des raisons personnelles, qui ne me concernent pas, ont aussi souvent fait modifier ses plans, tandis que bien sûr les conseils des rabatteurs et des espions ont fait leur effet. Le fait que le chef du gouvernement prenait sa vie en main chaque fois qu'il s'aventurait dans les rues de la capitale était certainement un commentaire éloquent sur la domination britannique en Irlande. Comme chacun le savait, il était assez sage pour ne s'aventurer que le moins possible, même accompagné d'une immense escorte ; même si je n'ai aucune raison de penser que personnellement, il n'était pas un homme courageux.

Finalement , alors que notre patience était presque épuisée, nous avons obtenu des informations qui nous ont donné l'espoir d'atteindre notre objectif. C'était en décembre 1919. Les journaux de l'époque donnaient rarement la moindre information sur les déplacements du vice-roi. Même lorsqu'il traversait occasionnellement l'Angleterre, les journaux n'étaient informés que lorsqu'il était de retour sain et sauf à Phoenix Park. Ils n'ont pas été encouragés à retracer ses déplacements. Parfois, cependant, les journaux recevaient des informations destinées délibérément à tromper le public en général, et l'IRA en particulier. A l'époque dont je parle, les journaux irlandais avaient informé leurs lecteurs que Lord French était absent du pays. Je pense qu'ils ont en fait déclaré qu'il naviguait quelque part en mer du Nord.

Nous savions mieux. En fait, il s'amusait avec une fête choisie parmi ses intimes hommes et femmes, dans sa résidence de campagne, French Park, Co. Roscommon. Nous en savions beaucoup plus sur la vie de Lord French que le public ne l'aurait jamais soupçonné ; mais mon propos n'est pas de faire l'histoire des affaires privées du vice-roi, sauf en tant qu'elles concernent mon récit. Il suffit de dire qu'à cette occasion nous connaissions tous les membres de la petite élite de French Park, Boyle.

Frenchpark est un district de campagne isolé. Pendant que le Lord Lieutenant était en occupation, la maison était occupée par une forte force. Mais cette garnison, nous pensions pouvoir facilement la vaincre si nous le souhaitions. La situation de la maison favoriserait également notre fuite lorsque nous aurions atteint notre objectif. Nous n'aurions aucune difficulté à faire le trajet de Dublin à Roscommon, et nous croyions revenir presque aussi facilement. Nous pourrions facilement emprunter des routes qui éviteraient les villes, car il est beaucoup plus facile pour des hommes recherchés d'aller de Dublin vers l'ouest que d'aller, par exemple, vers le sud ou le nord.

Pourquoi alors, pourrait-on se demander, alors que toutes les circonstances étaient en notre faveur, n'avons-nous pas tenté de tirer sur Lord French alors qu'il était à Roscommon ?

La réponse est simple. Nous savions qu'il reviendrait à Dublin à une date précise et nous avons décidé de l'attaquer presque à sa porte et à côté de la ville. Pourquoi? Parce que ce que nous avions en tête, c'était l'effet qu'un tel incident créerait. Nous n'avions aucune rancune personnelle contre le vieux soldat lui-même, mais il était le chef du gouvernement étranger qui tenait notre pays en esclavage, et nous savions que sa mort inciterait le monde à s'intéresser à notre lutte pour la liberté. Son nom était connu dans le monde entier. Le Phoenix Park était aussi connu dans le monde que Hyde Park. Pensez alors à la sensation qui serait créée lorsque cet homme, maréchal de l'armée britannique et chef du gouvernement irlandais, serait abattu à l'entrée du parc Phoenix, dans la capitale du pays qu'il était censé diriger. règne, et à un jet de pierre d'une demi-douzaine de garnisons militaires anglaises, à un endroit où en cinq minutes pourraient être rassemblés vingt mille soldats britanniques, équipés de tous les instruments de guerre moderne. Le risque pour nous-mêmes était plus grand, mais l'effet moral en valait le prix. Le monde se lèverait et dirait : « Les hommes qui ont fait cela ne sont pas des lâches ; leur pays doit avoir un grief ; qu'est-ce que c'est?" C'est le résultat sur lequel nous comptions et les raisons pour lesquelles nous avons finalement décidé de planifier notre coup d'État à Ashtown. Je décrirai (dans le prochain chapitre) notre attaque et ses nombreuses séquelles.

CHAPITRE XV.
LA BATAILLE D'ASHTOWN.

Lord French devait revenir à la Loge Viceroyale le vendredi 19 décembre 1919. Cet arrangement était gardé secret, et même les hauts fonctionnaires de la Loge et du château de Dublin n'étaient pas au courant de ses projets. Mais nous étions bien conscients de l'arrangement. Le moment n'est pas encore venu où la source de nos informations pourra être divulguée.

Nous connaissions non seulement le jour mais aussi l'heure. De plus, nous savions que lorsque Lord French reviendrait par le Midland Railway, il ne se rendrait pas au terminus de cette ligne (Broadstone Station) dans la ville, mais descendrait à la petite gare routière de Ash Town. Nous avons donc établi nos plans.

Ashtown se trouve à environ quatre miles anglais du centre de la ville, mais à seulement environ deux miles du quartier résidentiel nord. Vous y parvenez par la route principale qui mène de Dublin au nord-ouest de l'Irlande, l'une des meilleures routes nationales du pays, passant en ligne droite au cœur de Meath, en passant par Navan, Kells, Cavan et jusqu'à Enniskillen. . Environ trois kilomètres et demi après avoir quitté la ligne de tramway, vous arrivez à Ashtown. La gare elle-même ne se trouve pas sur la route principale : elle se trouve à environ deux cents mètres sur une petite route secondaire sur la droite. Il n'y a pas de village à Ashtown ; le quartier compte probablement moins de maisons que tout autre endroit aussi proche de la ville. Il semble qu'il n'y ait eu aucune raison d'y installer une station, sauf peut-être pour le chargement et le déchargement des chevaux de course et de chasse.

Pour la plupart des gens, Ashtown signifie simplement une maison : le pub de Kelly, communément appelé la « maison de transition ». Il se trouve juste au carrefour où vous tournez à droite en quittant la route principale pour vous rendre à la gare. Cette petite route secondaire qui, comme je l'ai dit, mène à droite à la voie ferrée, coupe la route principale presque à angle droit et mène à gauche au Phoenix Park et à Castleknock. Ainsi , lorsqu'on sort de la ville et qu'on se tient au carrefour à côté de Half-way House, on se trouve à moins de deux cents mètres de la gare à droite, et à moins de cent mètres de la porte de Phoenix Park à gauche. A cette porte se trouvait alors une caserne de police, où étaient stationnés trois ou quatre hommes de la DMP, mais la caserne était fermée quelques jours avant notre aventure. À un quart de mile à l'intérieur de la porte se trouvait la Loge Viceroyale.

Il y avait très peu de maisons dans les environs. La seule à proximité de Half-way House était la résidence de M. Peard, propriétaire de l'hippodrome Park qui jouxte la route principale. Du côté de la ville d'Ashtown, il y avait plusieurs institutions, telles que des orphelinats et des couvents, le plus proche étant le célèbre Institut des Sourds et Muets tenu par les Frères Chrétiens. À droite de la voie ferrée se trouve le célèbre observatoire de Dunsink.

J'ai pensé qu'il était nécessaire de décrire l'endroit avec autant de détails, car même pour les Dublinois, le quartier d'Ashtown est relativement inconnu.

Le train spécial dans lequel le vice-roi devait revenir devait arriver à Ashtown à 11 h 40. Une demi-heure avant l'arrivée de notre groupe sur les lieux. Nous étions partis de Fleming's, à Drumcondra, ce matin-là, et chez Mme Martin Conlan, de Phibsboro, je m'étais arrêté pour une tasse de thé. Nous étions onze dans cet exploit, à savoir Mick McDonnell, Tom Keogh (plus tard un officier de l'État libre tué pendant la guerre civile) ; Martin Savage (tué ce jour-là) ; Sean Treacy (tué au combat à Talbot Street, Dublin, dix mois plus tard) ; Seumas Robinson, Sean Hogan, Paddy Daly (plus tard major-général de l'armée de l'État libre) ; Vincent Byrne, Tom Kilkoyne, Joe Leonard et moi-même.

MARTIN SAUVAGE.

Nous avons emprunté la route principale, la Cabra Road, par paires à des intervalles différents afin de ne pas éveiller les soupçons. Nous avons laissé nos vélos devant Kelly's, car à toute heure de la journée, il n'était pas rare de voir une douzaine de vélos devant cette taverne pendant que les propriétaires se rafraîchissaient à l'intérieur. Nous connaissions chaque centimètre carré de la localité, chaque buisson et chaque virage, chaque coin et recoin. Comme autre avantage, nous connaissions l'ordre exact dans lequel Lord French et son escorte voyageaient toujours.

Nous savions que nous éveillerions les soupçons si nous attendions au bord de la route, alors nos hommes, au fur et à mesure de leur arrivée, entrèrent dans la taverne. À l'intérieur se trouvaient quelques ouvriers et ouvriers agricoles locaux. Notre apparition en binôme ne semblait susciter aucun soupçon, d'autant que la population locale ne savait pas du tout que Lord French allait passer sur place dans peu de temps. Dans le cabaret, en buvant nos bouteilles de minéraux, nous avons indiqué à tous ceux qui nous écoutaient que notre rencontre était purement fortuite. Nous avons parlé de bétail, d'enclos, de pâturages et de bien d'autres choses, sauf de politique. Mais même dans cette conversation fictive, nous devions être prudents, car les hommes qui étaient dans l'atelier connaissaient l'agriculture de A à Z, alors que certains de nos hommes connaissaient très peu cette industrie.

Pendant que nous parlions de toutes ces choses pour le bénéfice de notre auditoire, nous commencions à nous inquiéter maintenant que le moment approchait. Plus d'un d'entre nous jetait de temps en temps un coup d'œil à sa montre, et nos yeux étaient tout le temps occupés à regarder le carrefour, car depuis le magasin nous avions une vue dégagée sur tous ceux qui passaient soit sur la route principale, soit sur la route. au parc . Le premier signe d'activité que nous avons vu était un grand homme du DMP venant de la direction de Park Gate. Il savait évidemment qui allait arriver, car il s'était posté près du carrefour pour contrôler tout trafic qui pourrait arriver par là. Son casque pointu, ses boutons brillants et ses bottes impeccables, sans parler du soin avec lequel il abaissait sa tunique sous sa ceinture, tout indiquait qu'il se sentait appelé à faire un spectacle impressionnant. Nous ne nous inquiétions pas beaucoup du pauvre homme, même s'il avait un étui de revolver à ses côtés et qu'il n'était sans doute pas vide.

Quelques minutes avant l'arrivée du train, quatre camions militaires, avec des troupes armées de fusils, descendirent de la porte du parc, dépassèrent la maison de transition et s'arrêtèrent pour prendre position près de la gare. De plus, nous savions que plusieurs hommes armés du DMP se trouveraient le long de la route allant de Park Gate à Viceregal Lodge.

Maintenant, nous avions bien sûr pris toutes nos dispositions plusieurs jours à l'avance. Rien n'a été laissé au dernier moment. Notre plan était de concentrer notre attaque principale sur la deuxième voiture du convoi. C'était la voiture dans laquelle Lord French voyageait toujours. Devant chez Kelly, il y avait une lourde charrette de ferme. Tom Keogh, Martin Savage et moi devions le pousser au dernier moment de l'autre côté de la route, bloquant ainsi le passage de la voiture de French, car la route est trop étroite pour permettre à deux voitures de circuler de front, et la lourde charrette de ferme les obligerait à ralentir. Au même moment, les autres membres de notre groupe devaient lancer leur attaque meurtrière contre la voiture du Lord Lieutenant avec des bombes et des grenades, puis compter sur leurs revolvers pour affronter la garde militaire.

Juste à temps, nous avons entendu le sifflement de la locomotive alors que le train entrait dans Ashtown. Mais nous n'avons jamais bougé. Il nous restait encore deux ou trois minutes, et un faux pas une demi-seconde trop tôt pourrait bouleverser tout notre plan. Puis nous avons entendu les moteurs battre. Le groupe était sur le point de quitter la gare. Nous sommes sortis au carrefour. Nos hommes ont tranquillement pris position. Tom Keogh, Martin Savage et moi étions à côté du chariot de ferme que nous devions utiliser comme obstacle. Il était temps de le mettre en mouvement.

J'ai attrapé le chariot et j'ai commencé à le pousser dans le coin. C'était une charrette lourde, bien plus lourde que nous ne le pensions, car, bien entendu, nous n'avions pas répété le numéro et nous n'avions pas non plus jugé le poids de la charrette autrement qu'avec nos yeux.

Je l'ai poussé au coin de la rue, sur la route étroite qui partait de la gare. Soudain, j'entendis une voix s'adresser à moi. C'était la voix de l'homme du DMP dont nous avions ignoré la présence.

« Vous ne pouvez pas y aller pendant un moment », a-t-il fait remarquer. "Son Excellence doit passer ici dans quelques secondes."

Maintenant, je savais que Son Excellence était due, bien mieux que le connétable. Cependant, je n'ai pas pu lui expliquer que j'avais rendez-vous avec Son Excellence. Le temps pressait. J'ai essayé d'ignorer le policier. Il pensait évidemment que j'étais trop stupide pour ce monde. Il a continué à protester auprès de moi et à m'expliquer combien il était nécessaire de dégager la route pour les voitures de Son Excellence.

Ce qui était étonnant, quand j'y repensai ensuite, c'est qu'il était apparemment trop dense pour remarquer que j'avais deux fusils dans les mains. S'il l'avait fait, je suis sûr qu'il aurait sorti son carnet et m'aurait demandé mon nom et mon adresse, car il était illégal de porter des armes.

Je ne voulais pas utiliser mon arme si tôt. En premier lieu, je n'avais aucune envie de blesser le pauvre homme, et deuxièmement, je savais que tirer maintenant un coup de feu serait fatal à nos plans, car cela attirerait immédiatement l'attention et les soupçons de l'escorte, qui était maintenant en place. leurs voitures à cent pas de nous.

J'ai fait la seule chose que je pouvais dans les circonstances. Je lui ai crié dessus, je l'ai menacé et je lui ai finalement dit que s'il ne s'écartait pas de notre chemin, je l'écraserais. Mais c'était inutile. Même alors, le policier ne s'est pas rendu compte de la situation. Il continuait toujours à parler.

Et pendant que nous restions là, à perdre des moments précieux, nos camarades se demandaient ce qui n'allait pas. L'un de nos hommes, qui avait été assigné à un poste sur le fossé qui longe la route, s'est apparemment rendu compte de la situation. Sans considérer qu'il menaçait l'ensemble de notre projet, sans parler du risque de mettre en danger la vie de trois d'entre nous qui se trouvaient près de la charrette, il a retiré la goupille de sa grenade et a lancé le missile directement sur la tête du policier. Or, chacun de nous trois aurait facilement pu s'entendre avec l'obstructionniste en toute sécurité pour nous-mêmes, mais nous n'avions aucune envie de tuer le pauvre homme, et en tout cas nous craignions qu'un seul coup de feu n'empêche Lord French d'approcher. nous depuis la gare. Il aurait pu, par exemple, s'il soupçonnait une embuscade, avoir envoyé son escorte en avant pour dégager la route, ou il aurait pu se rendre directement à la gare de Broadstone, dans la ville, et ainsi tout bouleverser.

Le policier a été frappé à la tête avec la bombe et l'arme a éclaté à mes côtés sans blesser gravement aucun d'entre nous, si ce n'est que la force de l'explosion nous a projetés violemment au sol. McLoughlin, le policier, n'a pas été grièvement blessé. Le reste d'entre nous se remit rapidement de notre choc, et nous n'eûmes plus le temps de nous soucier du policier, car à ce moment-là, l'estafeur à moto (ou éclaireur, comme il l'était en réalité) qui roulait toujours quarante ou cinquante mètres devant le Le groupe du vice-roi est arrivé en courant depuis la gare. Une seconde plus tard arrive le premier moteur et nous nous précipitons juste devant lui ouvrant le feu sur les occupants. Notre feu est immédiatement riposté, et nous sommes si près de l'ennemi qu'un nouveau chapeau que je venais d'acheter m'est tiré dessus. C'était un rasage de près, mais ma chance habituelle était avec moi ce jour-là. La voiture roulait si vite que nous n'avions même pas le temps de jeter un coup d'œil aux occupants, et d'ailleurs nous ne nous inquiétions pas beaucoup d'eux, car notre véritable objectif était d'effrayer cette voiture et de l'amener à une telle vitesse qu'elle chercherait rapidement à se mettre en sécurité en vol pendant que nous le ferions. lancez toutes nos forces contre la deuxième voiture, celle dans laquelle nous savions que Lord French voyageait toujours.

Notre charrette n'avait pas complètement bloqué la route lorsque le premier moteur est passé à toute vitesse – nous n'en avions pas l'intention. Une autre course pour tirer le chariot juste de l'autre côté de la route et la deuxième voiture est sur nous. De chaque position occupée par notre petit groupe, notre attaque concentrée s'ouvre et l'air est déchiré par des tirs rapides de revolvers, des bombes éclatantes et des grenades à main. Mais il ne s'agit en aucun cas d'une bataille à sens unique. L'ennemi a sa mitrailleuse et ses fusils en action, et nous voilà une cible pour lui sur le bord de la route tandis que nous continuons à déverser volée sur volée dans la voiture n° 2. Nous trois près de la charrette sommes maintenant dans un double péril. Les balles de l'ennemi sifflent autour de nous et ses grenades éclatent à nos pieds, mais nous sommes si près de notre objectif que nous devons aussi résister aux bombes que nos propres hommes lancent du fossé.

Avec nos armes fumantes crachant toujours du feu sur les occupants de la voiture, nous nous reculons derrière la charrette, cherchant le peu de couverture qu'elle offre contre la pluie de balles de l'ennemi. Encore une seconde et la charrette est criblée et les éclats de ses flèches volent autour de nous. Mais notre travail doit être accompli et le combat doit être poursuivi. Soudain, à notre grande consternation, une autre voiture ennemie se précipite vers nous dans la direction opposée. Nous sommes aujourd'hui plus en danger que jamais car nous sommes coincés entre deux incendies. J'ai senti une balle me transpercer la jambe gauche, mais je n'ai pas eu le temps d'examiner la blessure alors que je pensais que la balle était passée à travers. Les Britanniques avaient à cette époque environ une douzaine de fusils et une mitrailleuse en action ; mais les nerfs des tireurs ont dû leur faire défaut, sinon nous n'aurions jamais pu tenir aussi longtemps contre eux. Un homme, cependant, prend sa cible et le pauvre Martin Savage tombe dans mes bras, touché au corps. Pauvre gars ! Avec quelle légèreté il avait chanté et récité des poèmes sur l'Irlande et la gloire de mourir pour son pays, alors que nous nous rendions à Ashtown il y a à peine une heure. Et il rend son dernier soupir dans mes bras, mourant comme il aurait souhaité mourir : par une balle anglaise.

Pendant ce temps, les balles sifflaient et le feu de l'ennemi semblait devenir de plus en plus intense. J'ai déposé mon camarade mourant sur le bord de la route. Ses lèvres remuaient comme s'il avait un dernier message à me transmettre. Je me suis penché et j'ai mis mon oreille près de son visage et j'ai entendu les mots prononcés lentement et douloureusement mais distinctement : « J'ai fini, Dan, mais continue ! Je ne pourrai jamais oublier cette photo de mon camarade pâle et ensanglanté alors qu'il gisait sur la route à Ashtown ce jour de décembre tandis que les balles sautillaient comme des grêlons frappant tout sauf moi, celui qu'elles visaient.

Mais ce n'était pas le moment de pleurer sur les morts. Martin Savage avait donné sa vie pour la cause pour laquelle il avait vécu – la cause pour laquelle il avait porté son arme trois ans auparavant lorsqu'à l'âge de dix-huit ans, il avait fait sa part pendant la semaine de Pâques 1916. Mais pour le reste d'entre nous le devoir était de vivre pour l'Irlande – de continuer.

Tom Keogh était maintenant de retour à couvert. J'ai regardé autour de moi pour voir quelles étaient mes chances de m'échapper. Il ne semblait y en avoir aucun. Le sang coule de ma jambe blessée et le feu de l'ennemi est violent et rapide tandis que le nôtre s'est calmé, car nos grenades ont disparu, beaucoup de nos revolvers sont vides et un de nos hommes est mort. Au milieu d'une pluie de balles, je me suis précipité vers l'abri de la maison de Kelly au coin de la rue et j'y suis arrivé en toute sécurité.

Mon arme parle à nouveau. L'ennemi se tait. Les guerriers kaki ont soudainement fui pour se mettre en sécurité dans le Parc , suivis par tout le groupe vice-royal.

Nous étions maintenant en possession du champ de bataille et avec nous se trouvaient l'épave de la deuxième voiture, son conducteur McEvoy que nous avions blessé et capturé dans la mêlée, l'homme blessé du DMP, le gendarme O'Loughlin, et le cadavre de notre vaillant camarade Martin Savage. Nous avons libéré notre prisonnier McEvoy. Par une étrange ironie du sort, son chemin croisa le mien trois ans plus tard, en avril 1923. J'étais alors prisonnier entre les mains des troupes de l'État libre dans la prison de Limerick. McEvoy était là, un officier de la prison.

Ce jour de décembre 1919, alors que nous examinions en toute hâte le terrain à Ashtown, nous étions convaincus que nous avions atteint notre objectif et que nous avions abattu Lord French. Notre préoccupation suivante, et la plus urgente, était de retourner en ville, car nous savions que d'ici une demi-heure, Ashtown et la campagne à des kilomètres à la ronde seraient envahies par les troupes britanniques.

CHAPITRE XVI.
NOTRE ÉVASION D'ASHTOWN.

Nous tenâmes alors tous les dix un conseil de guerre précipité au carrefour d'Ashtown. Neuf membres de notre groupe s'en sont sortis sans une égratignure : Martin Savage était mort et j'étais blessé et saignais abondamment. Nous avions mis en déroute tout le corps des soldats britanniques avec leurs fusils, leur mitrailleuse et leur voiture blindée, et nous avions tué le Lord Lieutenant.

Nous avons transporté le corps du pauvre Martin jusqu'au magasin de Kelly. C'était tout ce que nous pouvions faire. Nous savions que l'ennemi reviendrait bientôt avec des renforts et prendrait possession de tout ce qui restait de ce vaillant soldat, mais il serait suicidaire de tenter de le déplacer vers la ville. Les occupants terrorisés de la Half-way House regardaient avec étonnement et en silence.

Avec une prière pour l'âme de notre camarade décédé, nous sommes montés sur nos vélos et nous sommes dirigés vers la ville. A peine avions-nous commencé que Seumas Robinson s'aperçut que son vélo était cassé et inutile pour le voyage. Sautant sur l'arrière de la machine de Sean Treacy, il se balança avec un pied sur la marche et s'accrocha aux larges épaules de Sean. Mais avec deux hommes sur un vélo, la vitesse est lente et nous n'avons jamais eu autant besoin d'un retour rapide à la sécurité. Dans notre dilemme, nous avons aperçu un cycliste qui s'approchait de nous depuis la ville. Il marchait et faisait rouler son vélo, apparemment descendu lorsqu'il a entendu la bataille en cours. En temps de guerre, la plupart des choses sont justes et la saisie temporaire de sa machine n'était pas contraire à nos règles. Robinson avait toujours son arme à la main. Sautant du marchepied, il présenta son revolver à l'inconnu et lui ordonna de lui remettre son vélo. L'ordre a été respecté. Nous avons toujours aimé causer le moins de problèmes possible aux civils et même dans notre hâte cet après-midi-là, Seumas n'a pas oublié son devoir envers le propriétaire du vélo. Il lui assura que s'il appelait à l'hôtel Gresham ce soir-là, sa machine serait disponible. Je ne sais pas si cet homme a déjà eu son vélo ; J'espère qu'il l'a fait. Quoi qu'il en soit, il fut déposé près de la porte de l'hôtel le soir même, comme Seumas l'avait promis.

Nous sommes rentrés en ville sains et saufs. Je me sentais maintenant faible à cause de la perte de sang et je me rendis immédiatement chez Mme Toomey sur Phibsboro' Road, au nord de la ville, et l'une des premières rues que l'on rencontre dans la ville en revenant directement d'Ashtown. Je crois que plus tard dans la journée, la police et l'armée ont retracé mes taches de sang depuis Ashtown le long de Cabra Road, mais heureusement, ils ont perdu la trace près de la ville. Mme Toomey a été très gentille avec moi. On me mit aussitôt au lit et on fit venir un médecin. J'étais accompagné du Dr JM Ryan, alors célèbre comme capitaine d'une équipe de hurling de toute l'Irlande. Un médecin de l'hôpital Mater, situé à quelques centaines de mètres seulement de mon lieu de repos, m'a également soigné.

Ce soir-là, Dublin retentit du cri des vendeurs de journaux : « Attaque contre le Lord Lieutenant – Combat sensationnel à Ashtown – Un des assaillants abattu ! Et puis j'ai eu un choc qui m'a presque rendu fou. Lord French s'en était sorti indemne !

C'était vrai. Nous avions échoué. Pour la première fois, le vice-roi voyageait non dans la deuxième voiture mais dans la première. La voiture dont nous avions à peine pris la peine et que nous avions seulement voulu effrayer a emporté en toute sécurité l'homme que nous recherchions. La nouvelle a aggravé ma blessure. Je n'ai jamais aimé le travail à moitié fait, et ici nous n'avions même pas fait la moitié de notre travail. Sean Treacy a pris la déception avec philosophie. Sa devise a toujours été de tirer le meilleur parti des choses. Sa consolation était : « Tu ne peux pas toujours avoir des Knocklongs, Dan. »

Nous n'avons jamais eu une autre chance de tirer sur Lord French. Il se retire complètement de la vie publique. Il n'est pratiquement plus apparu en public par la suite. Même lorsqu'il se rendait en Angleterre, des véhicules blindés patrouillaient sur les routes jusqu'au bateau-poste, et des détectives armés l'entouraient, même jusqu'à Londres. Ses déplacements ont été gardés secrets et divulgués à la presse plusieurs jours plus tard.

Si nous avions eu la possibilité d'utiliser des fusils ce jour-là, nous aurions facilement pu être sûrs de l'abattre depuis la maison de Kelly, mais à cette époque, notre seul moyen de nous rendre sur place était la bicyclette, car pratiquement aucune voiture à moteur n'était utilisée. Cela était dû au fait que, quelques mois auparavant, les Britanniques avaient ordonné que tout conducteur d'automobile soit titulaire d'un permis militaire spécial, portant non seulement son nom mais aussi sa description et une photo, comme un passeport. L'ordre était d'empêcher l'IRA d'utiliser des voitures à moteur pour se déplacer, notamment pour les attaques nocturnes. Naturellement, les seuls hommes susceptibles d'obtenir des permis des Britanniques seraient ceux qui pourraient prouver leur « loyauté » et qui n'étaient donc pas susceptibles de nous aider ou de prendre le risque de nous donner une voiture. Le Syndicat des automobilistes, mécontent de ces conditions dégradantes, a obéi à l'ordre en refusant de demander des permis et en déclarant une grève générale dans tout le pays. Par conséquent, comme nous ne pouvions pas faire voyager les moteurs jusqu'à Ashtown, nous n'avions aucun moyen de dissimuler les fusils et nous ne pouvions naturellement pas les attacher sur les vélos. Cependant, je dois dire que je suis heureux maintenant que Lord French se soit échappé. Il ne faisait que remplir son devoir envers son pays d'adoption, la Nation ou l'Empire qui lui avait donné richesses, titres et honneurs.

Permettez-moi de faire une pause pour raconter quelques séquelles de l'attaque d'Ashtown. L'Église et la presse nous ont dénoncés en termes sans mesure, mais le public a été plus prudent dans sa condamnation ; Peu à peu, le pays commençait à comprendre que nous envisagions la guerre avec l'Angleterre jusqu'à ce que, pour citer les mots d'O'Donovan Rossa, « elle soit frappée à genoux ou nous soyons frappés jusqu'à nos tombes ». Alors, la plupart du temps, tandis que la presse et le clergé lançaient des dénonciations amères, le public restait silencieux. Ce fut le tournant. Ils jugeaient la situation. Lors de discussions privées, beaucoup ont défendu notre point de vue. En public, il n'y avait évidemment aucun moyen de le faire. La grande majorité de nos compatriotes prenaient leurs repères ; ils étaient peut-être choqués par la tactique audacieuse des forces, mais ils commençaient à comprendre que nous étions sérieux et qu'il était de leur devoir de nous soutenir.

Le matin qui a suivi l'attaque, l' *Irish Independent* a publié un article de fond dans lequel nous étions tous qualifiés d'« assassins ». L'article était abondamment parsemé de termes tels que « folie criminelle », « outrage », « meurtre », etc., et c'était précisément ce journal qui dépendait pour tous ses revenus du soutien des gens qui avaient voté pour l'establishment. d'une République irlandaise. Il n'a même pas eu le sens du fair-play, encore moins de décence, d'attendre que l'enquête ait eu lieu et que Martin Savage ait été inhumé pour exprimer son point de vue. Les autres journaux de Dublin ne nous dérangeaient pas. L' *Irish Times* était ouvertement et avoué un organe britannique, et le *Freeman's Journal* était au-dessous du mépris de tout Irlandais honnête. Mais nous ne pouvions pas permettre à un journal qui prétendait être irlandais et indépendant de poignarder notre camarade mort dans le dos.

À l'époque, j'étais bien sûr alité à cause de mes blessures et je n'avais aucune part directe dans ce qui a suivi. Je crois que certains garçons étaient favorables au tournage du rédacteur en chef. Finalement, une autre voie a été adoptée. Il fut décidé de supprimer le journal. Dimanche soir, à 21 heures, vingt ou trente de nos hommes responsables de Peadar Clancy sont entrés dans le bâtiment et ont braqué le personnel avec des revolvers. Ils informèrent alors le rédacteur que ses machines allaient être démontées et, se dirigeant vers le service des travaux, ils brisèrent les linotypes avec des traîneaux, laissant les lieux dans un tel état qu'on espérait qu'aucun journal ne paraîtrait pendant un certain temps. Cependant, avec l'aide des autres imprimeries de Dublin, l' *Independent* a pu sortir un journal comme d'habitude le lendemain. Cependant, nous avions donné une leçon au journal et, d'une certaine manière , nous étions heureux que personne n'ait été licencié, car la plupart des membres du personnel étaient des hommes de l'IRA. Jamais par la suite l' *Independent* , ni aucun autre journal de Dublin, n'a qualifié les hommes de l'IRA de meurtriers ou d'assassins, et je dois dire que peu de temps après, l' *Independent* a rendu un grand service en dénonçant les atrocités britanniques, même s'il n'a jamais soutenu notre politique de combat. Les propriétaires ont reçu une indemnisation de 16 000 £ pour le raid.

Après l'enquête sur Martin Savage, son corps a été remis à ses proches. Le clergé a refusé que son corps soit admis dans une église de Dublin et, la nuit précédant son transfert dans sa ville natale de Ballisodare, dans le comté de Sligo, il est resté toute la nuit à la gare de Broadstone, en présence seulement de quelques fidèles. Mais les funérailles du lendemain furent le plus grand hommage jamais rendu à un Irlandais en Occident. Le cortège faisait plusieurs kilomètres de long, et le curé de la paroisse assistait et récitait les dernières prières, tandis que les RIC, avec leur chevalerie caractéristique , entouraient le cimetière avec leurs fusils et leurs baïonnettes. Cependant, je suppose que c'était le meilleur hommage qu'ils pouvaient rendre à un vaillant soldat, même s'ils n'en avaient pas l'intention.

Je dois mentionner un autre sujet ici, puis je poursuis mon récit :

On peut se demander pourquoi le corps de Martin Savage a été autorisé à quitter Dublin sans recevoir de la capitale la dernière marque de respect que méritait son sacrifice. La réponse est simple. Le Gouvernement de la République, Dail Eireann, n'a pas souhaité s'associer directement à nos actions. Sans entrer dans des détails qui pourraient impliquer les noms de nombreux hommes éminents, certains vivants, d'autres morts, je souhaite souligner ici et maintenant que ni à ce moment-là ni à aucun moment ultérieur, le Dail Eireann n'a accepté la responsabilité de la guerre contre les Britanniques. Pourquoi, je ne le sais pas et je ne souhaite pas entrer dans une quelconque controverse sur l'attitude du Daïl. Je peux seulement dire ce qui a été admis publiquement plus tard, tant dans le deuxième quotidien républicain que dans le quotidien de l'État libre (général Mulcahy, décembre 1923), que l'IRA a été laissée mener la guerre de sa propre initiative, avec ses propres ressources. sans l'approbation ou la désapprobation du Gouvernement de la République. Il est bon que ce fait soit connu des générations futures.

LE GÉNÉRAL LIAM LYNCH.

C'était amusant de lire les versions des journaux sur l'attaque d'Ashtown pendant des jours après. Lors de l'enquête sur Martin Savage, il a été déclaré que « les assaillants ont pris la fuite et ont été poursuivis ». J'ai presque éclaté de rire en lisant ceci et j'ai imaginé la fuite précipitée des soldats britanniques vers la couverture du mur de Phoenix Park. Il était en effet très étrange que nous parvenions à atteindre Dublin à vélo si nous étions poursuivis par des hommes équipés non seulement de fusils et de mitrailleuses, mais également de voitures à moteur. Un autre écrivain plein d'imagination a décrit un arbre au bord de la route qui avait été spécialement coupé pour constituer un point de vue pour l'un de nos hommes. Imaginez le génie militaire de quiconque enverrait un homme sur un arbre pour voir un train qu'il pourrait voir depuis la route, ou pour devenir une cible sûre pour les fusils ennemis !

Lors de l'enquête également, le procureur de la Couronne a refusé de divulguer le nom de la dame qui se trouvait dans la voiture avec Lord French.

Lord French, d'ailleurs, voyageait en mufti ce jour-là, ainsi qu'il a été déclaré lors de l'enquête. C'est peut-être pour cela que nous ne l'avons pas reconnu dans la première voiture. J'ai également appris grâce à l'enquête que le sergent-détective Hally, qui a été blessé par notre incendie, était un de mes compatriotes, originaire de Carrick-on-Suir.

Après avoir passé quelques jours dans la maison de Mme Toomey à Phibsboro, j'ai été emmené dans le sud de la ville jusqu'au n° 13 Grantham Street, la maison de Mme Malone. Trois mois auparavant, j'avais fait ma première visite dans cette maison. Cela s'est passé de cette façon :

Le 8 septembre 1919, Seumas Robinson et moi avions du mal à trouver un endroit où dormir ; nous sommes allés chez Phil Shanahan, où nous avions rencontré Sam Fahy, frère de Frank Fahy, TD. Nous avions bien connu Sam à Tipperary, où il a passé quelques années, même s'il était à cette époque en fuite comme nous. Nous lui avons fait part de notre problème et il nous a immédiatement donné la clé de la maison d'un ami dans Grantham Street et nous a indiqué le numéro, nous assurant que les hommes en fuite n'auraient jamais besoin d'un abri tant que cette maison était là. Mme Malone, dit-il, était le nom de la femme et on pouvait lui confier n'importe quel secret. Elle avait perdu un fils, Michael, lors de l'insurrection de la semaine de Pâques.

Seumas et moi sommes ensuite partis de Phibsboro en direction de Grantham Street. Pour ne rien arranger, nous avions oublié le numéro de la maison. Heureusement, ce n'est pas une grande rue et à la première maison où nous avons frappé, on nous a dirigés vers celle de Mme Malone. Nous nous sommes sentis immédiatement comme chez nous. Ils ont tous été très gentils avec nous : M. et Mme Malone et les Miss Malone. Nous sommes restés pour la nuit et le lendemain matin, nous avons appris que la famille avait perdu une de ses filles seulement quatre jours auparavant.

À partir de ce jour, nous sommes devenus des amis proches de la famille Malone. Nous y avons amené Treacy et Hogan peu de temps après et les avons présentés à la famille. Les deux filles – Brighid et Aine – étaient des membres actifs du Cumann na mBan et étaient toujours désireuses de nous aider. Ils transportèrent toutes nos dépêches et nos messages et aidèrent même à évacuer les munitions jusqu'à la gare de Kingsbridge. Vous devez comprendre que nous étions toujours à la recherche de revolvers, de fusils ou de munitions à acheter ou à capturer. Tout ce qui tombait entre nos mains, nous l'envoyions toujours à notre brigade de South Tipperary. Là-bas, on avait cruellement besoin de ces produits, et il y avait bien moins de chances de les obtenir qu'à Dublin. Très souvent, nous envoyions des munitions par train, dans des caisses étiquetées « Thé » ou « Vins », ou quelque autre marchandise que celui à qui elles étaient adressées avait l'habitude de recevoir. Bien sûr, nous faisions toujours nos arrangements à l'autre bout du fil pour que les marchandises soient reçues par un commerçant qui était lui-même un homme de l'IRA ou par l'un de ses assistants.

Quelques jours seulement avant le combat d'Ashtown, j'avais plaisanté avec Aine Malone en lui disant qu'ils devraient me soigner si j'étais blessé. Je ne pensais pas que ma plaisanterie de décembre 1919 se réaliserait et que je serais installé dans Grantham Street sous la garde des Malone. La blessure à la jambe s'est avérée plus grave que ce à quoi je m'attendais et ma tête aussi me faisait mal. Pendant trois mois entiers, je suis resté immobilisé, incapable de bouger du tout. Je ne suis pas sûr d'avoir eu envie de m'éloigner de mon environnement. Tout le monde était gentil avec moi. Peadar Clancy venait me voir et me donnait des nouvelles presque tous les jours. J'ai de bons, quoique tristes, souvenirs d'heures agréables passées avec Peadar alors qu'il discutait ou lisait pour moi. Dick McKee, Sean Treacy et Hogan étaient également tous gentils et venaient me voir régulièrement. Peadar, Dick et Sean Treacy ne devaient hélas pas voir un autre Noël. Mais je sais qu'ils sont morts souriants et heureux.

En dehors de mes bons et attentionnés camarades, il y avait une raison encore plus forte qui me faisait peu penser à la douleur et à l'enfermement. C'était mon infirmière la plus gentille et la plus attentive, à l'époque Brighid Malone, aujourd'hui ma femme. Peu de gens ont la chance d'être soignés pendant leur maladie par leurs futures épouses dont la présence compte plus que tout ce que les compétences médicales peuvent apporter. Mais l'histoire de notre mariage un an et demi plus tard, dans des circonstances qu'un écrivain de fiction discréditerait comme étant trop farfelues pour n'importe quel roman du Far West, je dois lui réserver la place qui lui revient dans un chapitre ultérieur.

CHAPITRE XVII.
DE TARA À TIPPERARY.

Au début de 1920, j'eus tout le loisir, pendant que ma blessure cicatrisait, de revenir sur l'année qui s'était écoulée.

Soloheadbeg avait porté ses fruits. Le meilleur hommage était celui contenu dans les statistiques officielles publiées de temps à autre par le gouvernement britannique concernant la « criminalité en Irlande ». Le crime en tant que tel était, bien entendu, presque inconnu en Irlande jusqu'à l'arrivée des Black and Tans. Lorsque le gouvernement britannique utilisait le mot « crime » en référence à l'Irlande, il signifiait généralement des opérations actives contre l'armée d'occupation. Ainsi fut-il solennellement annoncé au monde au début de 1920 qu'au cours de l'année 1919 de très nombreuses attaques avaient été menées contre les troupes et la police britanniques, des centaines de raids pour récupérer des armes avaient été effectués et une douzaine de policiers (c'est-à-dire d'espions armés) avaient été arrêtés. abattu. Si le gouvernement britannique pensait que la publication de ces statistiques nous inciterait à nous repentir de nos actes et à perdre notre patriotisme, il avait mal calculé. Le seul effet fut de nous rendre plus déterminés à ce qu'un registre beaucoup plus important de ces « crimes » soit dressé à la fin de 1920. Et nous avons tenu notre résolution !

Dans ces statistiques, l'Angleterre se gardait bien d'enregistrer ses propres actes de guerre contre la population civile au cours de la même période. Elle n'a pas dit que le Dail Eireann, le représentant élu du gouvernement irlandais, avait été proclamé assemblée illégale et que ses projets de développement des industries du pays avaient été déclarés activités criminelles. Elle n'a pas dit au monde que la Ligue Gaélique, Cumann na mBan, les Volontaires irlandais et Fianna Eireann (les Boy Scouts irlandais) avaient également été déclarés illégaux. Elle n'a pas non plus parlé des raids nocturnes et des vols officiellement perpétrés par ses troupes contre des citoyens pacifiques. En un mot, pour reprendre une expression utilisée à l'époque par Arthur Griffith, elle avait « proclamé la nation irlandaise tout entière comme une assemblée illégale ».

Mais de peur de donner une image injuste de l'époque au lecteur qui n'est pas au courant des événements irlandais, je dois, en toute honnêteté, mentionner quelques choses que les forces anglaises en Irlande n'avaient pas *encore* faites. Ils n'avaient pas imposé de couvre-feu ; ils n'avaient pas assassiné d'hommes dans leur lit ; ils n'avaient pas incendié ni bombardé les villes et les villages ; ils n'avaient pas abattu des prisonniers « pour avoir tenté de s'évader » ; ils n'avaient pas exécuté de prisonniers de guerre, assassiné des prêtres et outragé des femmes.

J'insiste sur le fait qu'ils n'avaient pas fait ces choses en 1919, parce qu'ils étaient coupables de chacun de ces crimes au cours de l'année qui commençait maintenant. Afin de poursuivre mon récit, il est bon de garder ce fait à l'esprit, car je n'aurai peut-être pas l'occasion de mentionner ces développements de la politique britannique à moins qu'ils n'aient un rapport direct avec mon histoire.

En effet, alors que j'étais encore à Dublin, chez les Malone, le premier ordre de couvre-feu a été émis. Lors d'une rencontre avec quelques hommes de l'IRA après minuit en février 1920, un policier fut abattu dans Grafton Street. Les Britanniques ont immédiatement émis un ordre érigeant en infraction pénale le fait pour tout civil de sortir à l'extérieur entre minuit et 5 heures du matin. En quelques mois, cet ordre a été étendu à la plupart des villes du sud de l'Irlande ; non seulement étendu mais encore rendu plus sévère. Par exemple, à une époque, personne n'était autorisé à quitter sa maison à Limerick après 19 heures. À Cork, l'heure était 16 heures pendant un certain temps. Il est alors devenu habituel pour les Britanniques de nettoyer les rues à coups de fusil, volée après volée, des dizaines d'hommes, de femmes et d'enfants étant ainsi assassinés en 1920 et 1921. Incidemment, ces règles de couvre-feu ont donné un champ libre à la bande de meurtriers du gouvernement, pour aucun civil ne les verrait tirer ou piller pendant les heures de couvre-feu.

Au début du printemps 1920, je m'éloignai de mon agréable environnement de Grantham Street et traversai les belles plaines de Fingal. Je suis allé passer un mois à Royal Meath, au pied de la colline de Tara. C'était mon premier séjour au Meath royal, le jardin des rois d'Irlande à l'époque de sa grandeur. Le premier jour où j'ai escaladé la colline, je suis resté une heure au sommet, vivant dans le passé, en association spirituelle avec les guerriers d'autrefois, et me demandant si un jour encore notre pays verrait le jour où ses fils et ses filles auraient ébranlé Ils ont libéré leurs membres des chaînes de l'esclavage et ont fièrement jeté leur drapeau à la brise, provocants et libres. Il y a peu de choses aujourd'hui sur la Colline qui racontent cette époque de notre grandeur. Aucun homme ne foule son sommet ; la tradition dit que la malédiction d'un saint de mon propre comté a provoqué la ruine et la décadence de Tara. Mais on pouvait encore retrouver la grande salle de banquet où les hauts rois recevaient les hommages de leurs vassaux et accordaient l'hospitalité à leurs sujets. Mais une petite croix au sommet marque la « tombe des Croppies », où « de nombreux ennemis saxons sont tombés et de nombreux soldats irlandais sont tombés » — le dernier lieu de repos des quelques intrépides qui ont porté un grand coup pour l'Irlande en 1998, et tombèrent face à l'ennemi. Et je me suis agenouillé sur la pelouse verte du palais désert et j'ai prié pour que le sacrifice des Croppies ne soit pas vain ; que leur rêve puisse se réaliser même dans notre génération, et que je puisse avoir la force et le courage d'accélérer la journée.

Là, sur le gazon sanctifié par les traces des saints guerriers et des rois de la paix d'Irlande, j'ai compris pour la première fois tout le sens de ce petit poème de Moore, avec son attrait pathétique qui saisit toujours le cœur irlandais et obscurcit l'œil du patriote.

"Laissez Erin se souvenir des jours anciens

Avant que ses fils infidèles ne la trahissent !

Et puis mes yeux ont erré sur les plaines à mes pieds, plus riches que ma propre Vallée Dorée. Çà et là, je vis un manoir majestueux ou un château ; mais je savais que ce n'étaient pas les demeures des membres des clans de nos rois, mais les forteresses de ceux qui les avaient privés de leur héritage. Il n'y avait aucune ferme ; une maison d'ouvrier ici et là marquait la demeure des Gaëls qui avaient survécu, pour être des coupeurs de bois et des porteurs d'eau. J'ai parcouru la campagne à la recherche des hommes que cette belle terre aurait dû élever ; mais les routes étaient désertes ; le bœuf avait remplacé le roi et le paysan. Et je me suis demandé si la Providence avait ordonné que Meath soit la maison du bœuf pour nourrir le conquérant Saxon. Non! Cela ne pouvait pas être le cas. C'était la vieille malédiction, le vieux fléau de l'étranger.

Plusieurs jours après, j'ai erré dans les plaines de Meath, pensant, planifiant et rêvant du pays heureux qu'il pourrait être si seulement nous étions autorisés à élaborer notre propre destinée comme Dieu le voulait. Je marchais souvent trois ou quatre heures sans rencontrer aucun être humain. Ici et là, un joli manoir ; autour d'elle, la guérite du serf, l'avenue sinueuse, les arbres silencieux et les champs verts avec le bœuf pour maître. Le régime foncier, instrument volontaire de la domination anglaise, avait provoqué cette désolation. Et j'ai renouvelé ma détermination à contribuer au changement qui doit se produire.

J'ai passé des journées agréables, quoique sans incident, avec Joseph Dardis et avec le Dr Lynch et Tom Carton, de Stamullen, ainsi qu'avec Vincent Purfield, de Balbriggan. De leur part, j'ai reçu la même hospitalité chaleureuse que tant d'autres m'avaient déjà témoignée. Dieu merci, l'Angleterre ne nous a pas encore privé de notre esprit de gentillesse et d'hospitalité.

L'été approchait maintenant. Je me sentais à nouveau fort et en forme. J'avais hâte de faire quelque chose. La guerre se développait et je ne pouvais pas rester les bras croisés. Je sentais que je n'avais pas le droit de rester plus longtemps en dehors de la mêlée. Certaines choses que j'avais lues dans les journaux m'avaient à nouveau fait bouillir le sang. Tom MacCurtain, lord-maire de Cork, qui était avec nous depuis cinq ou six mois à l'affût de Lord French, avait été assassiné dans sa maison en présence de sa femme. À Thurles, deux ou trois meurtres similaires avaient été commis par les Britanniques. Ce n'étaient que les premiers d'une centaine de meurtres de ce type commis en un an par les forces britanniques, tous de connivence ou directement inspirés par les plus hauts responsables du pays.

J'ai décidé d'être debout et d'agir. Je suis retourné à Dublin. Là, j'ai rencontré quelques-uns des garçons et j'ai encouragé une campagne de guérilla intensive. Dick McKee et Peadar Clancy ont soutenu avec enthousiasme mon point de vue et ont favorisé ma politique de « poursuivre la guerre ».

Comme je l'ai déjà expliqué, notre propre politique a toujours été « officieuse ». Ni le Dail Eireann ni le quartier général de l'IRA ne l'avaient sanctionné ni en avaient accepté la responsabilité. Mick Collins, je dois le dire, semblait y être favorable. Il a toujours promis de continuer à promouvoir notre politique de guerre dans les « bons quartiers », et il ne faut pas oublier qu'il faisait alors non seulement partie de l'état-major du GHQ, mais qu'il était également ministre des Finances au Dail Eireann. J'ai déjà raconté comment il était avec nous à une occasion vers la fin de 1919, lorsque nous nous préparions à tendre une embuscade à Lord French, mais le Lord Lieutenant nous a déçus.

La vérité est que notre politique de guerre n'était pas populaire. Les autorités militaires ne semblaient pas le vouloir. L'aile politique n'en a certainement pas voulu, et plus d'un DT l'a fermement dénoncé en privé ; même si cela faisait partie de notre chance de pouvoir toujours cacher nos différends à l'ennemi, jusqu'après la trêve. La presse, bien sûr, a dénoncé notre campagne, même si, depuis qu'une leçon avait été donnée à l' *Independent,* les journaux avaient appris que « la discrétion est la meilleure partie du courage », notamment dans l'utilisation de certains mots comme « meurtre » et « outrage ». » Les mots « fusillades » et « tragédies » sont devenus très populaires dans les journaux après l'attaque contre l' *Independent* .

Le public ne voulait pas de la guerre. Ils ont oublié que c'était leur vote aux élections générales de 1918 qui avait conduit à l'établissement formel de la République. Ils savaient seulement que les attaques contre la police signifiaient une loi martiale plus sévère, un couvre-feu plus sévère, davantage d'arrestations et d'indemnisations pour les veuves des policiers. Évidemment, beaucoup pensaient à cette époque que la liberté était une chose qu'on pouvait obtenir gratuitement. Je dois cependant dire qu'au fur et à mesure que la guerre s'intensifiait vers la fin de 1920 et le début de 1921, la grande majorité de la population était à nos côtés et acceptait joyeusement sa part des risques et des difficultés.

Je n'avais pas l'intention de rester longtemps à Dublin. Je voulais retourner à Tipperary. J'avais l'impression que les choses étaient trop calmes là-bas. Les garçons allaient bien, ils étaient prêts à tout ; tout ce qu'ils voulaient, c'était qu'on leur dise quoi faire. Alors Sean Treacy et moi avons parcouru une fois de plus ce voyage de cent milles à vélo, et je me suis retrouvé à Tipperary après une absence de près de douze mois.

Cette fois, nous avions un nouveau plan. Nous avons décidé de nous lancer dans une campagne d'un type alors à peine connu dans la lutte, mais qui allait bientôt montrer au monde qu'il n'y avait plus aucun doute sur le fait que l'Irlande était dans un état de guerre ouverte.

(Dans le prochain chapitre, je décrirai cette nouvelle campagne.)

Avant d'aborder les événements qui ont suivi mon retour à Tipperary, je dois raconter un incident qui a failli mettre fin à ma carrière de tireur.

Seumas Robinson et moi avions passé quelques jours avec Vincent Purfield à Balbriggan, où j'avais souvent passé de si bons moments. C'était pendant la Semaine Sainte de 1920 et nous avons décidé d'aller à Dublin pour Pâques. Nous sommes partis de Balbriggan dans un moteur conduit par Vincent lui-même le Vendredi Saint, le 2 avril 1920.

Or, les autorités britanniques en Irlande avaient toujours l'impression que les Sinn Feiners feraient toujours quelque chose à Pâques pour célébrer l'anniversaire de l'insurrection de 1916. En fait, nous le faisions habituellement, mais nous étions toujours suffisamment désobligeants pour faire exactement ce à quoi ils ne s'attendaient pas, et à ce moment-là, ils étaient très surpris. Quoi qu'il en soit, en préparation du « soulèvement annuel », comme on parlait sarcastiquement de ce à quoi le gouvernement s'attendait, les militaires nous ont toujours fait savoir qu'ils ne devaient pas être pris par surprise. Pendant des années, ils avaient l'habitude d'ériger des barricades sur toutes les routes menant à Dublin et d'installer des avant-postes militaires qui fouillaient chaque voiture et piéton passant dans ou hors de la ville pendant les quelques jours précédant et suivant Pâques. Ayant ainsi accompli leur devoir envers l'Empire, ils enlevaient généralement leurs barricades au bout de quelques jours.

Lorsque nous avons quitté Balbriggan ce matin-là, nous avons complètement oublié cette manœuvre annuelle des Britanniques, sinon je n'ai pas besoin de dire que nous aurions dû passer Pâques avec Vincent à Balbriggan. Nous avons fait un agréable voyage jusqu'à ce que nous arrivions à quelques kilomètres de la ville, à environ 800 mètres au-delà du terminus du tramway à Whitehall. Au détour d'un virage, nous nous sommes retrouvés soudain nez à nez avec un camion militaire qui se dirigeait vers nous. Le camion a apparemment ralenti pour s'arrêter et fouiller notre voiture, mais nous avions l'air si innocents et inoffensifs que le policier a ordonné à sa voiture de continuer. Nous avons continué notre chemin et avons ri de bon cœur, tout en nous félicitant de notre bonne chance. Mais notre chance fut de courte durée. Le bruit du camion militaire était à peine calmé qu'un kilomètre plus loin, en direction de la ville, nous entendîmes un ordre aigu de « Halte ! »

Juste devant nous, juste au terminus du tramway, se trouvait une barricade militaire, une vingtaine de soldats, leurs fusils agrippés d'un air professionnel, tandis qu'un officier s'avançait vers nous en brandissant son revolver. Maintenant, pensais-je, mon heure était venue. Il n'y a pas d'échappatoire cette fois.

Vincent restait frais comme un concombre ; aucun de nous n'a manifesté la moindre inquiétude et la voiture s'est dirigée droit vers la barricade avant de ralentir.

Je suis sorti de la voiture et me suis dirigé droit vers le policier avec un air renfrogné et lui ai demandé ce que cela signifiait.

«Je dois fouiller votre voiture», fut la réponse brève.

Ensuite, j'ai pensé qu'il valait mieux essayer la courtoisie. Je lui ai dit que nous n'avions aucune objection à ce que nous soyons fouillés, mais je lui ai assuré que tout retard serait grave pour nous, car nous étions pressés d'atteindre la ville pour des affaires importantes. Il hésita un instant. Puis il fit signe aux soldats de dégager le passage.

"Très bien!" il a dit, "vous pouvez continuer."

"Merci", je lui ai fait un signe de tête, je suis entré dans la voiture et nous avons continué.

Je n'aurais pas pu me permettre de laisser la voiture ou nous-mêmes être fouillés. S'il avait tenté de le faire, cela aurait été sa dernière activité militaire. Nous ne nous serions probablement jamais échappés s'il m'avait forcé à sortir mon arme, mais il n'y avait pas d'autre moyen de s'en sortir.

Notre automobile a été le seul véhicule à entrer ou à sortir de Dublin sans avoir été fouillé pendant ces cinq jours.

Le même bluff qui nous avait permis, un an auparavant, de sortir Sean Hogan et moi d'une difficulté similaire près de Limerick, s'est avéré couronné de succès à Whitehall, à quelques centaines de mètres de la maison où, sept mois plus tard, je devais livrer mon plus grand combat pour la vie… à Drumcondra.

CHAPITRE XVIII.
LA CASERNE ATTAQUE

Notre nouveau plan pour des opérations plus actives contre les Britanniques consistait, en bref, à les attaquer dans leurs bastions – les casernes de police dans tout le pays. Les éplucheurs étaient désormais bien trop prudents pour patrouiller sur les routes. Ils s'aventuraient rarement, voire jamais, à s'éloigner de leur caserne. Nous ne pouvions pas les rencontrer à découvert. Mais si la montagne ne venait pas à Mohammed, il n'y avait qu'une autre chose à faire. Nous avons dû nous adresser à la police et les attaquer sur leur propre terrain.

A cette époque, au printemps 1920, ils évacuaient rapidement toutes les casernes éloignées dans de petits endroits où la garnison risquait d'être isolée ou surprise. Ils se concentraient sur les plus grandes casernes où les garnisons étaient renforcées et les bâtiments fortement fortifiés avec des volets en acier et des enchevêtrements de barbelés. C'est à cette époque que l'IRA mena sa série d'opérations simultanées la plus intensive. En une nuit, pas moins d'un millier de casernes de police vacantes ont été entièrement incendiées – les opérations s'étendant à tous les comtés d'Irlande. De cette façon, nous avons évité toute possibilité que ces casernes soient à nouveau occupées par l'ennemi. Un millier de maillons de la chaîne militaire britannique avaient été rompus.

A cette époque, les éplucheurs avaient abandonné toute prétention d'être une force de police. Ils constituaient ouvertement et avouément une force militaire qui ne tentait pas de réprimer le crime mais tenait le pays par la force brutale pour l'Angleterre. Lorsque les uniformes du RIC ont disparu d'un village, notre police de l'IRA a immédiatement assumé les fonctions dont elle aurait dû s'acquitter, et elle l'a bien fait. Le voleur et le cambrioleur ont vite appris à avoir pour l'IRA un respect sain qu'il n'a jamais eu pour le RIC.

Si un lecteur non au courant des événements survenus en Irlande à cette époque trouve incroyable qu'une force de police comme le RIC ait pu se montrer assez impudique pour laisser les mains libres aux criminels, j'espère pouvoir le convaincre par deux faits simples. La première est que dans les cas où nos hommes avaient arrêté des hommes pour vol ou autres formes de crime, la pratique des Britanniques était de libérer et de protéger le criminel et d'envoyer les hommes de l'IRA en prison. Les dossiers du journal contenant les comptes rendus des cours martiales contre nos hommes pour de telles accusations confirment ma déclaration. Le deuxième fait, bien que jamais révélé dans les journaux, n'a pas été porté à ma connaissance personnelle, mais je l'ai reçu des hommes de l'IRA concernés. Dans le comté de Meath, un meurtre de sang-froid a été commis par un ancien soldat britannique. Le RIC disposait de preuves claires de sa culpabilité. Ils l'ont arrêté, mais l'ont-ils jugé ? Non! Ils l'ont relâché et lui ont conseillé de quitter le pays avant de tomber entre les mains de l'IRA. Mais il a été arrêté par les hommes de l'IRA dans les cinq minutes suivant sa libération et a ensuite payé la peine de son crime.

A cette époque également, les Black and Tans apparurent sur la scène. Beaucoup ont encore des doutes quant à la manière dont ils ont obtenu ce nom, il vaut donc mieux l'expliquer.

La force a été recrutée sur les instructions de Sir Hamar Greenwood au début de 1920 pour grossir les rangs du RIC et pour remplacer les Irlandais qui avaient démissionné de cette force par dégoût. Greenwood voulait des milliers de recrues pour mener à bien la politique de terrorisme décidée. Il n'a pas pu les obtenir en Irlande. Même en Angleterre, il avait du mal à recruter des hommes honnêtes pour accomplir un tel travail. Par conséquent, ses forces étaient principalement recrutées parmi les classes inférieures d'anciens soldats anglais, dont beaucoup étaient des criminels ou d'anciens détenus connus. Ils sont arrivés en Irlande en si grand nombre que le RIC ne pouvait pas en équiper la moitié dans l'uniforme bleu foncé reconnu. Il y avait des tuniques noires et des pantalons noirs, ainsi que des casquettes noires. Les militaires sont venus à leur secours en leur apportant du kaki. Chaque homme a reçu une partie de l'uniforme noir pour montrer qu'il était nominalement policier, mais la partie principale de la tenue était kaki. Lorsque ces forces irrégulières ont pris leurs fonctions dans le Sud, vous pouvez imaginer leur apparence grotesque : un homme était entièrement en kaki à l'exception d'une casquette noire, un autre tout en kaki à l'exception d'un pantalon noir, et ainsi de suite, aucun d'entre eux n'étant complètement en uniforme. noir ou entièrement en kaki.

Nos Irlandais ont le sens de l'humour et ont toujours été reconnus pour leur talent à donner des surnoms appropriés. Dans le district qui entoure Knocklong — South Tipperary et East Limerick, le nom *Black and Tan* est né. Depuis des générations, il y avait dans ce quartier une célèbre meute de chiens connue sous le nom de « Black and Tans ». Est-il surprenant que les gens aient vite compris à quel point la nouvelle force ressemblait à leurs chiens, non seulement par la couleur mais par d'autres aspects ? Telle est l'origine d'un nom qui survivra dans toutes les langues pour désigner le terrorisme, le pillage et le meurtre.

Ces changements dont j'ai parlé s'étaient produits dans notre comté natal pendant notre absence. Nous décidâmes immédiatement de lancer une série d'attaques contre les casernes de police.

Depuis des mois, des attaques contre des casernes de police se poursuivaient à petite échelle dans diverses régions du Sud. Le premier cas dans lequel la garnison fut capturée eut lieu à Araglen, aux frontières de Cork et de

Limerick, près de l'extrémité sud des Galtees. L'attaque a été menée par Liam Lynch, tué pendant la guerre civile au début de 1923, alors qu'il était chef d'état-major de l'IRA.

Liam Lynch, au fur et à mesure que la lutte s'intensifiait, s'est révélé le meilleur officier d'Irlande pour contrôler et gérer une brigade ou une division. Lui et Sean Moylan ont formé une combinaison admirable et leurs succès contre les Britanniques ont été incroyables. Tom Barry était, je pense, le meilleur chef d'une colonne volante.

J'ai rencontré Liam Lynch pour la première fois à l'automne 1919. Nous avons été présentés par Tom Hunter, alors député républicain de Cork et partenaire commercial de Peadar Clancy à Dublin. Lynch était à cette époque très en fuite, comme moi. Le 7 septembre, il avait mené un coup d'État audacieux à Fermoy, désarmant douze soldats qui se rendaient à l'église. Au cours de la lutte, l'un des soldats britanniques a été tué et Liam lui-même a été blessé. Cet incident revêt une importance historique dans la mesure où il a conduit au premier cas de « représailles » ; La nuit de l'attaque, les soldats britanniques, menés par certains de leurs officiers, détruisirent et pillèrent les principaux magasins de Fermoy.

Liam Lynch était un soldat jusqu'au bout des doigts. Il mesurait six pieds et dans ses yeux , on lisait qu'il était né pour être un leader parmi les hommes. Aussi doux qu'un enfant, il était un soldat intrépide et commandait l'une des meilleures brigades d'Irlande contre les Britanniques.

Peu de temps après la prise de la caserne d'Araglen par Liam Lynch, la prochaine victoire du genre fut remportée par Michael Brennan, qui s'empara de toutes les armes et munitions d'une caserne de Clare. Dans ce cas, la caserne a été rendue par l'agent Buckley, qui a ensuite combattu avec l'IRA pendant la guerre, et a été tué à Kerry alors qu'il était prisonnier pendant la guerre civile. La caserne suivante capturée par l'IRA fut Ballylanders le 28 avril 1920, lorsque trois policiers furent blessés et la caserne incendiée après que la garnison eut rendu ses armes à Sean Malone (*alias* « Forde »), qui commandait en l'attaque.

A notre retour à Tipperary, nous lançons très vite trois attaques contre des casernes de police, dont une se rend à nous après cinq heures de combat.

La première caserne de Tipperary à se rendre à l'IRA fut Drangan. C'était le 4 juin 1920. Drangan est situé à l'extrémité est du comté, près de Kilkenny. C'est à sept milles de Killenaule.

Notre procédure habituelle lors de ces attaques – qui avaient toujours lieu de nuit – consistait à mobiliser 30 ou 40 hommes de l'IRA et à faire abattre des arbres sur toutes les routes menant à cette position. De cette façon, nous avons empêché, ou du moins retardé, l'arrivée des secours à la garnison assiégée. Ce blocage des routes s'effectuait souvent dans un rayon de cinq ou dix milles . Souvent aussi, nous abattions des arbres en travers des routes alors que nous n'avions pas l'intention d'attaquer une position, simplement pour ennuyer et semer la confusion chez l'ennemi.

Ayant pris ces précautions pour qu'aucun secours ne puisse arriver à la garnison, nous coupâmes également les fils télégraphiques et téléphoniques. Ensuite, nous avons occupé tranquillement quelques maisons devant ou derrière la caserne et avons ouvert notre attaque, tandis que certains de nos hommes tentaient peut-être d'incendier le bâtiment à l'essence. Très souvent aussi, le premier indice que nous donnions de notre présence était l'explosion d'une mine à la porte ou au pignon de la caserne afin de faire sauter le bâtiment ou de faire une brèche. Parfois ces plans réussissaient, parfois ils échouaient.

Le combat à Drangan fut une affaire prolongée. Les officiers qui ont pris part à l'attaque étaient Sean Treacy, Seumas Robinson, Ernie O'Malley, Sean Hogan et moi-même. Après avoir d'abord pris les mesures habituelles consistant à bloquer les routes et à couper tous les câbles, nous avons tranquillement occupé une maison vacante juste en face de la caserne. Pourquoi la police a-t-elle été assez stupide pour la laisser sans surveillance, je ne peux pas imaginer. Un plus grand nombre de nos hommes sont allés à l'arrière et ont pris position pour ouvrir le feu, tandis que dans la rue devant nous avons érigé une petite barricade. Vers minuit, nous avons ouvert l'attaque. Après la première volée, nous avons cessé le feu et avons appelé les défenseurs à se rendre. Nous avons toujours fait cela, non seulement pour épargner leur vie si possible, mais aussi pour épargner nos propres réserves de munitions, qui n'étaient jamais abondantes. Mais ils ont refusé de sortir. Nous renouvelâmes l'attaque, avec des fusils, des bombes, des revolvers et des fusils de chasse ; nos munitions étaient toujours nécessairement de nature variée. L'ennemi répondit vivement à nos tirs, mais sans effet. Soudain, le ciel s'éclaira de lumières Verey, des roquettes lancées par la garnison pour signaler aux postes voisins qu'ils avaient besoin d'aide. Mais nous savions qu'il faudrait du temps avant que l'aide puisse franchir nos barrières. Nous avons continué l'assaut avec une vigueur renouvelée, de l'avant comme de l'arrière, et certains de nos hommes ont même arraché les ardoises du toit de la caserne. Le jour se levait au milieu des craquements des fusils et des explosions des bombes lorsqu'il y eut une soudaine accalmie dans les tirs de réponse de l'ennemi. Un instant après, un coup de sifflet retentit d'une des fenêtres, et nos hommes cessèrent le feu. L'ordre fut crié à la garnison d'avancer à découvert. Une minute plus tard, ils étaient des prisonniers désarmés. Nous avons préparé notre retour en sécurité avant que les renforts militaires ne se frayent un chemin. Nous avons emmené nos prisonniers —

deux sergents et six agents — jusqu'aux abords du village, les avons relâchés et sommes partis avec notre butin, aucun de nos hommes n'ayant été blessé.

La même nuit, la caserne de police de Cappawhite, également à Tipperary, a été attaquée par un autre groupe d'hommes de l'IRA, mais la garnison a tenu bon.

Il était parfois amusant de lire le lendemain les récits de ces attaques dans les journaux. Naturellement, aucun de nos hommes n'a jamais raconté la vérité, et les journalistes ont dû se fier principalement à la version policière. La police, bien sûr, devait faire le meilleur spectacle possible aux yeux de ses propres supérieurs, et les journalistes devaient adopter leur version, parce qu'ils auraient besoin des informations que des policiers amis pourraient leur donner plus tard, et aussi parce qu'ils pourrait recevoir une visite surprise à minuit des bourreaux noirs et feu si quelque chose de désobligeant à l'égard de la police était dit. C'est ainsi que souvent, lorsque nous n'avions que 30 ou 40 hommes sur un chantier, avec peut-être une demi-douzaine de fusils en tout, la police disait au public que « le nombre d'assaillants était estimé à 300, avec plusieurs mitrailleuses ». Et souvent, alors qu'aucun de nos hommes n'avait une égratignure, il était rapporté que « plusieurs des assaillants étaient tombés et on pense que trois d'entre eux ont été abattus ». Il y a eu des moments où nous avons subi des pertes, mais ils ne s'en sont jamais rendu compte.

Notre prochaine opération de ce genre s'est déroulée dans le nord-ouest du comté, dans les districts montagneux de Hollyford. Cela aussi a été un succès total, c'est nous tous qui étions en charge de l'opération. Il faut se rappeler qu'à cette époque le nombre des hommes en fuite était relativement petit, et qu'il fallait souvent compter sur des hommes qui n'étaient jamais soupçonnés d'avoir pris part à ces attaques et qui retournaient à leur travail avant le matin.

Notre attaque suivante eut lieu non loin du même quartier : Rear Cross. Ici, nous avons eu une bataille désespérée et avons été forcés de nous retirer sans capturer la position. Dans ce combat, nous avons eu l'aide de quelques hommes de la brigade East Limerick et de la brigade North Tipperary, mais les garçons de South Tipperary ont mené l'offensive principale sous Sean Treacy et moi-même. La garnison, je dois le dire, s'est défendue courageusement et a utilisé ses grenades à main avec succès, Ernie O'Malley, Jim Gorman, Treacy et moi-même avons tous été blessés par des éclats d'obus. Nous avons réussi à mettre le feu au bâtiment et je crois que plusieurs ennemis ont été brûlés vifs, tandis que deux autres ont été abattus.

C'est à peu près à cette époque, pour être exact, dans la nuit du 27 mai, qu'eut lieu la fameuse attaque de Kilmallock. Je n'étais pas fiancé à cette occasion. Cette attaque, menée par Sean Malone (*alias* « Forde ») fit alors sensation. Ce fut une bataille prolongée qui dura de minuit à 7 heures du matin. La caserne, considérée comme imprenable, était située au cœur même de la ville et était occupée par l'une des plus grandes garnisons du RIC du sud. L'IRA a occupé un hôtel et plusieurs maisons dans la rue principale et a effectivement pompé de l'essence à partir d'un tuyau jusqu'au bâtiment. La caserne fut entièrement incendiée, mais nos hommes durent cesser l'attaque avant que la garnison ne soit contrainte de se rendre. Un officier de l'IRA, Scully, de Kerry, a été tué, deux ennemis ont été tués et six d'entre eux ont été blessés. Les deux policiers ont été brûlés vifs dans une pièce où ils avaient été enfermés parce qu'ils avaient conseillé de se rendre. Le sergent qui commandait la garnison fut promu au grade d'inspecteur de district pour sa défense. Il a été abattu à Listowel quelques mois plus tard.

Le prochain grand engagement auquel nous avons participé fut le fameux combat d'Oola, le jour où le général de brigade Lucas s'est échappé. Cet incident sensationnel, je dois le raconter dans le prochain chapitre.

CHAPITRE XIX.
CAPTURE ET ÉVASION DU GÉNÉRAL LUCAS.

La capture du brigadier-général Lucas fut effectuée le 26 juin 1920 par Liam Lynch, George Power et quelques autres membres de l'état-major de Lynch. Le général Lucas, qui était stationné à Fermoy et commandait dans ce district, était accompagné du colonel Danford, RE, et du colonel Tyrell. Lynch et ses camarades arrivèrent en automobile et surprirent les trois officiers britanniques à un endroit appelé Conna, près de Castlelyons, à sept ou huit milles de Fermoy, où le général Lucas avait pris un pavillon de pêche. Ils ont été complètement surpris et emmenés dans une voiture en attente. L'idée originale était de retenir le général en otage pour l'échanger contre Bob Barton, TD, qui était alors traité comme un criminel dans une prison anglaise, où il purgeait une peine de 10 ans pour « sédition ».

Lorsque Lynch eut conduit ses prisonniers sur une certaine distance, ils conversaient entre eux en arabe. Le sens de leur conversation est devenu clair lorsque, une demi-heure plus tard, ils ont soudainement attaqué leurs ravisseurs. Dans une vive mêlée qui s'ensuivit, le colonel Danford fut blessé. Lynch renvoya alors un moteur à la caserne militaire de Fermoy par Tyrell, qu'il relâcha également, tandis que Lucas fut transféré dans un lieu sûr sous la garde de l'IRA. La manière dont les soldats anglais à Fermoy montrèrent leur appréciation envers un ennemi généreux qui avait libéré un officier blessé était de détruire la ville la nuit suivante - la deuxième fois en douze mois que Fermoy était détruit à cause d'un exploit réussi de Liam Lynch.

Lucas lui-même était à la fois un gentleman et un soldat. Pendant cinq semaines, il fut prisonnier de l'IRA et, pendant cette période, il fut traité avec la courtoisie et la gentillesse qui convenaient à son rang et à son caractère. Toutes les facilités lui étaient données pour communiquer avec ses proches, et il disposait de tout le confort que pouvaient lui apporter ses ravisseurs, eux-mêmes « en fuite » avec leur prisonnier. Il faut reconnaître qu'il l'a reconnu plus tard, même si je crois qu'il a eu des ennuis avec le War Office britannique.

Son dernier lieu de détention était une maison à East Limerick. De là, il s'enfuit dans la nuit du 29 juillet, dans des circonstances qu'il n'est pas de mon ressort de raconter.

Le matin du 30 juillet, Sean Treacy et nous autres avions prévu une embuscade sur la route entre Limerick et Tipperary. À cette époque, nos hommes créaient beaucoup de problèmes à l'ennemi en bloquant les trains et les wagons postaux pour censurer les lettres d'information. De cette façon, nous obtenions de temps à autre des informations très précieuses, y compris des preuves contre les espions locaux ici et là. Nous avons créé un problème si grave pour les Britanniques qu'ils ont dû prendre des précautions particulières pour empêcher que les courriers et les dépêches militaires ne tombent entre nos mains. Par exemple, la garnison de Limerick a adopté le plan d'envoyer chaque matin une escorte militaire spéciale par route jusqu'à Limerick Junction pour y retirer le courrier du train, et ainsi éviter d'éventuels raids sur les 20 milles de l'embranchement de Limerick Junction à Limerick.

.

Nous avons décidé de tendre une embuscade à ce groupe. L'endroit que nous avons choisi se trouvait à 800 mètres du côté Tipperary du village d'Oola. Ce serait à environ six miles de la ville de Tipperary, quinze de la ville de Limerick et quatre de Soloheadbeg. Bien que nous soyons sur la route principale reliant Limerick à Waterford, nous disposions d'une grande étendue de pays par laquelle nous pouvions nous échapper vers le sud et revenir vers l'est de Limerick. Le pays est relativement plat avec de bonnes et épaisses haies d'épines blanches qui couvrent le bord de la route.

Nous nous attendions à ce que la voiture militaire arrive de Limerick vers 10h30. Quelques minutes avant cette heure, nous avons abattu un arbre en travers de la route pour lui barrer la route. Puis nous avons pris position, encore bien hors de vue, car il faut se rappeler que dans le village d'Oola même, presque en vue de notre endroit choisi, il y avait une forte garnison de peelers, et de l'autre côté de nous, à trois kilomètres de là, à Limerick Junction, se trouvait une autre garnison du RIC.

Juste au moment où la voiture militaire arrivait en trombe de Limerick. Juste au moment où ils tournaient au coin de la rue et pénétraient presque dans la caserne , nous avons ouvert le feu. Comme un coup de feu, tous les hommes ont sauté de la voiture et se sont mis à couvert pour répondre à nos hommes.

Une violente rencontre s'ensuit pendant une demi-heure. Dans la première minute, deux des Britanniques ont lâché leurs fusils et se sont renversés, morts, mais les autres ont continué à tirer volée après volée dans la direction d'où venaient nos tirs. Mais nous étions en difficulté. Nous n'étions que sept et nous n'avions que dix cartouches par homme.

Pour ajouter à nos ennuis, nous avons soudainement vu une autre voiture militaire arriver sur les lieux également en provenance de Limerick. Nous n'avions pas calculé là-dessus. Ces renforts doivent être arrivés par accident, mais avec nos approvisionnements limités, nous ne pouvions pas continuer à engager l'ensemble du groupe. Nous avons décidé de prendre notre retraite. Alors que nous nous retirions, continuant à contrôler l'ennemi avec une étrange volée depuis les champs, nous avons vu une demi-douzaine d'hommes du RIC armés de fusils arriver du village pour apporter une aide supplémentaire aux militaires. Si nous avions eu assez d'hommes ou assez de munitions au départ, nous aurions bien entendu pu envoyer quelques hommes pour simuler une attaque contre la caserne afin de garder ces gens à l'intérieur ; mais nous ne pouvions pas nous le permettre, et nos plans ont donc échoué.

LA COLONNE VOLANTE À TIPPERARY.

Nous nous retirâmes sans perdre un homme ni recevoir de blessure. L'ennemi compte trois morts et trois blessés.

Le lendemain matin, nous en avons appris plus que ce que nous savions pendant l'attaque. Le brigadier-général Lucas faisait effectivement partie des forces ennemies. Il s'était, comme je l'ai dit, enfui la nuit précédente. Il a erré toute la nuit à travers champs, ne sachant pas exactement où il se trouvait et s'efforçant d'abord d'éviter tous nos hommes qui auraient pu être envoyés à sa poursuite, et en second lieu d'entrer en contact avec certains de nos hommes. ses propres forces, policières ou militaires. Le matin de l' embuscade, il est arrivé au village de Pallas, à trois miles du côté de Limerick d'Oola, et a évidemment été récupéré par la voiture qui passait.

Bien entendu, nous ne l'avons pas reconnu. En fait, nous n'étions même pas au courant de sa fuite. Tout cela n'était qu'une simple coïncidence, même si les journaux anglais du lendemain ont présenté l'histoire comme une « tentative de reconquête du général ». Peut-être est-ce aussi bien que nous ne l'ayons pas reconnu. En tout cas, nous lui souhaitons bonne chance, maintenant que tout est passé.

Quelques jours après ces fiançailles à Oola, je retournai à Dublin. Pendant un certain temps, j'ai été occupé par des activités mineures. C'est seulement alors que j'ai trouvé l'occasion de retirer de mon corps quelques-uns des fragments de grenades à main avec lesquels j'avais été blessé lors de l'attaque de la caserne de police de Rear Cross.

C'était à l'automne 1920. Cela faisait maintenant un an et demi que nous étions en cavale et que nos têtes étaient mises à prix. Mais je devenais de plus en plus imprudent. La guerre se poursuivait chaque jour avec une intensité toujours plus grande. J'ai vu que la lutte du peuple irlandais prenait la forme que j'avais toujours espérée. Les soldats et la police britanniques, en particulier les Black and Tans et les Auxiliaires - ces derniers étaient tous d'anciens officiers de l'armée britannique et étaient les assassins de la garnison - pillaient jour et nuit les magasins, incendiaient les maisons privées, assassinaient les prisonniers et torturaient. les jeunes. Mais plus leurs méthodes de répression devenaient sauvages, plus le peuple irlandais devenait déterminé à se battre jusqu'au bout. Presque tout le pays était désormais à nos côtés, nous aidant en nous fournissant de la nourriture et des informations alors qu'il ne pouvait pas nous apporter une aide plus active. Des hommes qui n'avaient pas les mêmes vues que nous sur la guerre active étaient regroupés dans nos rangs parce que s'ils restaient chez eux dans leur lit, ils seraient assassinés par les Britanniques en pleine nuit. En fait, leur seul espoir de sécurité était de « prendre la fuite ».

Si quelqu'un qui n'est pas intimement au courant des événements de cette période pense que j'accuse trop les Britanniques, je ne peux que le renvoyer aux journaux irlandais de l'époque. Ces journaux étaient farouchement opposés à notre politique et à nos méthodes, ils n'étaient donc pas susceptibles d'exagérer en notre faveur. De plus, s'ils osaient suggérer une accusation qui ne pourrait être retenue contre les Britanniques, ils savaient qu'ils seraient immédiatement réprimés. Pourtant, jour après jour, pendant un an et demi, ces journaux ont rapporté le meurtre de dizaines de prisonniers, les tirs sur des hommes dans leurs lits, le pillage des villes et l'incendie de rues entières.

L'historien calculera encore les millions de livres de dégâts qu'ils ont commis et les centaines de meurtres qu'ils ont perpétrés. C'est un fait bien connu que des dizaines de ces Noirs et Feu se sont depuis suicidés ou sont devenus fous à cause des horreurs dont ils étaient responsables.

Et pendant tout ce temps, l'IRA devenait chaque jour une machine militaire plus vaste et plus parfaite. Ma prophétie de 1918 adressée à Sean Treacy était en train de se réaliser. Une fois que la lutte pour la liberté a commencé sérieusement, comme je l'ai dit, elle s'est poursuivie avec une vigueur renouvelée.

Au cours de cette visite à Dublin, j'ai soumis au quartier général une proposition nouvelle dont l'adoption a changé la nature entière de la lutte. Je présenterai ma proposition dans le prochain chapitre.

En attendant, je dois ici faire référence à mes toujours fidèles amis, chez lesquels mes compagnons et moi avons toujours été les bienvenus pendant notre séjour à Dublin, même si la torture et l'emprisonnement auraient été le sort de quiconque sous le toit duquel nous pourrions nous abriter. Je ne peux pas me souvenir de tous maintenant, mais je ne pourrai jamais oublier certains : Seumas Ryan, de The Monument Creamery ; les Bolands, de Clontarf (le peuple de Harry) ; Seumas Kirwan, de Parnell Street (un homme de Tipperary) ; les Delaney, de Heytesbury Street (aujourd'hui beau -parent de Seumas Robinson) ; les Flamands, de Drumcondra ; M. et Mme Duncan, d'Irishtown; Seumas et Mme O'Doherty, de Connaught Street (plus tard mes bons amis en Amérique) ; Martin Conlon et, bien sûr, Phil Shanahan.

CHAPITRE XX.
AVENTURES AVEC LE GANG DES MEURTRES.

Le plan que j'ai présenté au quartier général était l'établissement de colonnes volantes dans chaque comté, en commençant bien sûr par Tipperary. Mon expérience des embuscades et des attaques de casernes m'avait convaincu qu'un tel projet s'avérerait un immense succès.

Jusqu'à présent, nous comptions beaucoup sur l'aide d'hommes qui participaient la nuit à une attaque de caserne et se mettaient au travail dans les magasins le lendemain matin. C'était gênant pour de nombreuses raisons. Cela signifiait tout d'abord qu'ils ne pouvaient aider que la nuit. Deuxièmement, cela signifiait souvent que les affaires les empêchaient de venir et que nous ne pouvions donc pas vraiment compter sur eux. La déception que nous avons subie de la part des hommes de la ville de Tipperary à Knocklong a montré à quel point il y avait de sérieux risques à compter sur des hommes qu'on n'avait pas réellement sous la main. De plus, ces volontaires à temps partiel ne pouvaient pas bénéficier de la formation souhaitée ; ils ne pouvaient pas s'éloigner de chez eux et vivaient dans une atmosphère de paix plutôt que de guerre.

Nous voulions des soldats à plein temps, capables de combattre de jour comme de nuit, d'être toujours prêts pour toute aventure et de consacrer le temps nécessaire à l'entraînement. Ils constitueraient une force mobile frappant l'ennemi aujourd'hui dans un district et le surprenant le lendemain matin à vingt ou trente milles de distance. Pouvons-nous avoir ça ? Nous pourrions. En plus des quelques hommes qui étaient en fuite en permanence – et ce nombre augmentait chaque jour – il y en avait des dizaines prêts à se porter volontaires pour un service actif à plein temps dans chaque comté. De plus, la tactique des Britanniques consistant à assassiner des hommes qu'ils soupçonnaient d'être des volontaires empêchait les hommes de l'IRA de rester chez eux ou à leur travail habituel. Nous étions encombrés de centaines de gars qui ne feraient que gêner à moins d'être organisés en unités militaires appropriées agissant sous la direction d'officiers disciplinés et audacieux.

Grâce à de tels arguments, nous avons convaincu l'état-major. Les colonnes volantes furent organisées et c'est sur elles que tomba le poids de la guerre pendant les douze mois restants. L'aspect le plus réussi de ce système était peut-être qu'il permettait à des comtés actifs comme Tipperary et Cork d'envoyer de temps en temps des colonnes dans des endroits comme Kilkenny et Waterford, où, en raison de l'apathie des habitants, les Britanniques vivaient une période trop calme. .

Durant ces journées d'automne de 1920, le pauvre Dinny Lacy était constamment avec moi à Dublin, et nous avons vécu de nombreuses aventures passionnantes ensemble, esquivant ou défiant les hommes « G » ou les espions qui se mettaient sur notre piste.

Dinny, dont le nom figurait en bonne place dans les événements de 1920 à 1922, est né à Goldengarden, au cœur de Tipperary. Il a fait ses études à l'école Donaskeigh de la paroisse du patriote père Matt Ryan, le « général de la guerre terrestre ». Dinny était un grand sprinter et footballeur ; en fait, c'était un homme polyvalent. Sa maison n'était qu'à environ un mile de la mienne et nous nous connaissions depuis notre enfance. Il est allé dans la ville de Tipperary lorsqu'il était enfant et est rapidement devenu l'homme de confiance de son employeur en tant que directeur d'un grand local de charbon et d'approvisionnement. Il n'a jamais fumé ni bu et il a toujours été extrêmement religieux et pouvait être vu à la messe tous les matins à Tipperary. Il a toujours été un fervent étudiant de la langue irlandaise et il est devenu un volontaire enthousiaste dès le début de cette force. Au cours de la semaine de Pâques 1916, il faisait partie du petit groupe qui répondit à l'appel à la mobilisation pour l'action à Galbally, à six milles de Tipperary, mais la contre-ordre le renvoya chez lui et, comme le reste des hommes de Tipperary, il n'eut aucune chance. de porter un grand coup cette semaine-là.

Au cours de l'été 1916, il fut l'un des plus enthousiastes en faveur de la réorganisation des Volontaires irlandais en tant que force combattante. Modeste et sans prétention, il était toujours à la recherche d'un fusil ou d'un revolver, et il dépensait tout son argent pour faire de tels achats. Il a tout donné, même sa vie, pour la liberté.

Au cours des années 1917 et 1918, j'ai repris fréquemment contact avec lui. Il participa au grand combat de Kilmallock en mai 1920 et dut prendre la fuite peu de temps après. Désormais, il devint l'un des combattants les plus audacieux et les plus performants contre les Britanniques. Il était tellement détesté par les Black and Tan qu'ils incendièrent la maison dans laquelle il logeait à Tipperary. Pauvre Dinny ! Il échappa aux balles des Anglais pour être tué par les Free Staters lors d'un affrontement dans le Glen of Aherlow au début de 1923.

Cependant, je dois reprendre mon histoire. Je savais que mes jours étaient comptés si je restais à Dublin. Les Britanniques avaient des espions, des « voyous » et des « observateurs » partout. Ils avaient promis de généreuses récompenses pour toute information et faisaient à cette époque des efforts désespérés pour restaurer leurs services secrets et les comparer aux nôtres. Partout on voyait les kaki, les fusils et les camions. Il était assez courant qu'un piéton ordinaire soit arrêté et fouillé par les troupes dans les rues six ou sept fois au cours d'une même journée. Ils sont descendus des camions et ont fouillé et interrogé les passants. Ils sont montés à bord des tramways et ont fouillé chaque passager. Ils ont encerclé des pâtés de maisons entiers et sont restés des jours entiers avec un cordon autour pendant que chaque maison était fouillée, de la cave au grenier. Toutes ces choses n'étaient pas rares, mais des événements quotidiens.

Au même moment, des gens étaient amenés au château et torturés pour obtenir des informations. Les lettres étaient ouvertes à la poste ; les domestiques de l'hôtel furent soudoyés et un système complexe et rapide de code téléphonique fut mis en place pour les rabatteurs et les observateurs. Est-il surprenant que, dans de telles circonstances, j'aie souvent eu du mal à m'échapper ? J'étais suivi à chaque pas et je le savais, mais je portais toujours mon arme attachée à mon poignet et dissimulée par la manche de mon manteau, prête à affronter quiconque me défierait.

Enfin vint une aventure qui, je pensais, serait ma dernière. Un vendredi soir, j'étais seul au coin de la rue Henry, au coin de Nelson's Pillar. J'avais prévu de passer la nuit chez Carolan, entre Drumcondra et Whitehall. La voiture de Whitehall est arrivée et j'ai sauté à bord, en haut. Aussitôt, cinq hommes se précipitèrent dans la même voiture et montèrent les escaliers sur mes talons. J'ai immédiatement reconnu deux d'entre eux comme étant des membres de la bande meurtrière de Castle, récemment organisée par le général Tudor, commandant des fameux auxiliaires. Ce gang de meurtriers était composé d'un certain nombre d'Irlandais et d'Anglais qui avaient pour instruction de tirer sur tout officier éminent de l'IRA chaque fois qu'ils en avaient l'occasion, qu'il soit prisonnier entre leurs mains ou de quelque manière que ce soit. Ceci, bien sûr, était connu de Sir Hamar Greenwood et avait son approbation, les membres du gang étant non seulement spécialement payés, mais aussi assurés que, quelles que soient les preuves retenues contre eux, ils ne seraient jamais jugés. En fait, ils ont réussi à assassiner un bon nombre de nos hommes ici et là à travers le pays. L'un des chefs de la bande était un chef de la police, qui avait servi comme simple gendarme quelques années auparavant dans ma propre région, autour de Tipperary.

L'organisation de cette bande meurtrière était tenue secrète, même auprès des responsables militaires et policiers. Bien sûr, nous savions tout cela grâce à nos propres services secrets. Nous connaissions la plupart des noms des membres et les meurtres auxquels ils avaient participé. De plus, l'état-major avait fourni à nos brigades des photographies de certains d'entre eux.

Ainsi, lorsque j'ai reconnu deux membres de la bande dans le tramway ce soir-là, je n'avais pas besoin d'être un Sherlock Holmes pour me dire que leurs trois compagnons étaient également du même acabit. Mais ce n'était pas l'histoire du gang de meurtriers que je racontais lorsque j'ai réalisé ma situation difficile. J'étais dans une situation délicate. Tenter de s'éloigner de la voiture serait pour eux une simple invitation à ouvrir le feu. De plus, il était fort possible que leur présence dans la voiture soit une simple coïncidence. Peut-être qu'ils ne m'ont pas reconnu du tout. Peut-être qu'ils avaient vraiment un autre travail.

Toutes ces pensées m'ont traversé l'esprit en une fraction du temps qu'il leur fallait pour les comprendre. Je devais garder mon sang-froid, pour éviter de trahir au moindre signe d'excitation ou de panique. Il n'y avait rien d'autre à faire que ce vieux jeu de sang-froid et de bluff qui m'avait si bien servi sur la route de Foynes et à Whitehall quelques mois auparavant.

Je m'assis sur la banquette trois places à l'arrière de la voiture, juste en haut des marches. Ensuite, j'ai sorti un paquet de cigarettes et j'en ai allumé une. Immédiatement, deux membres du groupe se sont assis sur le même banc, un de chaque côté de moi. Un troisième restait debout juste en face de moi, agrippé à la grille. Les deux autres ont emprunté le passage central jusqu'à l'avant de la voiture. Je ne me suis jamais senti moins à l'aise dans ma vie. J'ai réalisé mon danger, mais je n'ai vu aucun moyen d'en sortir.

Ni eux ni moi n'avons bougé. La voiture commença son voyage, remplie de passagers qui ne se rendaient pas compte du drame qui se jouait à leurs côtés. Il était plus de 11 heures et tout le monde se dépêchait de rentrer chez lui, car le couvre-feu était à midi, et personne n'osait sortir après cette heure pour devenir la cible d'une douzaine de balles.

Alors que la voiture passait devant Parnell Square, j'ai commencé à me sentir un peu rassuré. Souvent auparavant, j'avais fait un agréable voyage avec des détectives et des policiers qui ne m'avaient jamais reconnu. Peut-être que ma chance n'était pas encore là.

Soudain, l'homme à ma droite et son compagnon à ma gauche ont fait un mouvement simultané. Leurs mains droites retournèrent dans leurs poches de hanche. Ils sortaient quelque chose.

Encore une seconde et j'avais sorti mon arme. J'avais dessiné en premier. Ils ont réalisé mon objectif. Une seconde plus tard, mes trois meurtriers potentiels se précipitaient dans les escaliers. J'étais à leurs trousses, mon revolver braqué. Ils ont bondi de la voiture dans la rue et j'ai sauté sur leurs talons. Vint maintenant un autre moment d'hésitation. Allaient-ils ouvrir le feu ?

Ce n'était pas un endroit propice pour un duel. Les rues étaient remplies de piétons pressés. Des soldats ou des auxiliaires peuvent apparaître à tout moment. Si les trois meurtriers tiraient, je n'avais d'autre choix que de revenir. S'ils ne le faisaient pas, je ne tirerais pas. Mais je ne pouvais pas me permettre de perdre beaucoup de temps. Il ne restait plus qu'un tramway à prendre pour

Whitehall et je devais le prendre ou courir le risque d'être arrêté par une patrouille du couvre-feu.

Nous étions au milieu de Dorset Street, presque en face de l'église de Gardiner Street. J'ai essayé une petite ruse. J'ai marché sur le sentier et j'ai couru tout à coup vers la terrasse Saint-Joseph. Mais je n'ai couru que trois ou quatre pas. Puis j'ai tapé du pied sur le trottoir en faisant du bruit comme si j'étais au pas. Lors de mon premier mouvement, les trois hommes qui étaient quelques mètres devant moi ont couru aussi. Ils tournèrent rapidement dans la petite avenue parallèle à la terrasse Saint-Joseph. Ils avaient été trompés par ma ruse et avaient évidemment couru pour m'intercepter à l'autre bout du fil.

Tandis que leurs pas de course résonnaient encore sur le trottoir, le dernier tramway de la ville apparut. J'ai sauté sur la plate-forme au passage et j'ai laissé le gang de meurtriers derrière moi, me cherchant probablement dans les rues secondaires. Ce que je n'arrive jamais à comprendre, c'est pourquoi leurs deux compagnons qui étaient venus avec eux dans le tramway ne se sont pas lancés à ma poursuite alors que je chassais les trois autres de la voiture. Peut-être que la loyauté envers leurs camarades ne faisait pas partie de leur credo, si elle impliquait un danger.

C'est l'un de ces cinq hommes, ai-je découvert, qui nous a ensuite retrouvés jusqu'à « Fernside », la nuit du terrible combat qui s'y est déroulé. J'ai dormi cette nuit-là chez Fleming, de Drumcondra. Le lendemain matin, j'ai raconté mon aventure à Sean Treacy et il a ri de bon cœur, me consolant en me disant que je ne pourrais guère m'échapper plus longtemps. Cependant, il a considéré l'incident sous un jour plus sérieux plus tard, lorsque nous en avons discuté. Finalement, nous décidâmes que plus jamais aucun de nous ne sortirait seul ; que nous sortirions tous les deux ensemble ou que nous resterions tous les deux à l'intérieur. Cela semblait être le pacte naturel à conclure maintenant que la piste devenait chaude et que nous avions traversé tant de dangers ensemble.

Ce samedi matin, nous sommes allés chez Mme Fitzgerald à Hollybank Road, presque à côté de chez Fleming. Mme Fitzgerald était elle-même une femme de Tipperary, et nous avions souvent déjà apprécié l'hospitalité de sa maison. Nous étions fatigués et somnolents ce jour-là, nous avons donc passé la plupart du temps au lit.

Le lendemain, nous sommes allés à Croke Park, le siège de la Gaelic Athletic Association, à seulement sept minutes à pied de Hollybank Road. Avant cela, nous avions l'habitude de visiter Croke Park pendant de nombreux dimanches lorsque nous n'avions rien d'autre à faire. Nous avions généralement une partie de cartes – notre préférée était « Quarante-cinq » – avec des responsables de la GAA qui pourraient être présents, en particulier

Luke O'Toole (le secrétaire de l'Association), Andy Harty et DP Walsh (tous deux nos propres compatriotes) et l'échevin Nowlan, le président. Ils étaient tous de bons amis et nous ont offert de nombreuses soirées agréables dans la maison de Luke lorsque les matchs de la journée étaient terminés.

Je me souviens bien de ce dimanche, car il a indirectement conduit au combat de Drumcondra, aussi étrange que cela puisse paraître.

Les enjeux n'ont jamais été élevés, mais pour des hommes dans la situation de Sean et moi à l'époque, quelques shillings semblaient être une richesse. La soirée où je parle du jeu s'est avérée particulièrement excitante ; le « cagnotte » ou la piscine a progressivement grandi jusqu'à atteindre une belle somme, et cela ne me dérange pas d'admettre que je l'ai regardé jalousement à mesure qu'il grandissait. La chance m'a favorisé, même au jeu ! J'ai gagné le pool et l'argent a rarement été aussi bienvenu dans ma poche.

Or, à cette époque, nos plans n'étaient pas très précis. Ils n'étaient pas entièrement de notre faute. Dinny Lacey était revenu à Tipperary environ quinze jours auparavant et nous avions promis de le rejoindre d'ici une semaine. Contrairement à notre habitude, nous n'avions pas respecté notre rendez-vous, mais ce n'était pas notre faute. Cela était dû à l'action du quartier général.

J'ai déjà évoqué clairement l'attitude que le quartier général avait adoptée dès le début à notre égard et envers notre campagne, mais à cette époque – au début de l'automne 1920 – un changement était perceptible. La guerre se déroulait encore mieux que prévu. Nos hommes rencontraient et battaient les Britanniques dans tout le sud. Le monde regardait avec admiration notre lutte et, malgré la torture, les incendies et les pillages, le peuple était à nos côtés. C'était la mort pour l'homme qui osait « héberger un rebelle », mais des centaines d'hommes et de femmes abritaient chaque nuit nos colonnes volantes. Malgré une presse anglicisée, le peuple avait compris que nous avions raison, que leur cause était la nôtre, que l'Irlande ne pourrait jamais connaître la paix ni la prospérité tant que nous n'aurions pas chassé les Britanniques d'Irlande. Dans notre joie devant ce changement, Sean et moi devenions presque imprudents. Plus les combats étaient chauds, plus l'IRA devenait une organisation meilleure et parfaite. L'état-major s'est apparemment rendu compte que la base prenait trop d'avance sur eux, et ils ont progressivement commencé à assumer une sorte de responsabilité semi-officielle de nos actions.

Conformément à cette nouvelle politique, le quartier général avait en fait prévu une certaine opération pour nous à Dublin, et c'est pour cette raison que nous n'avons pas pu retourner à Tipperary dès que nous l'avions convenu.

Mais les plans n'ont jamais abouti et nous avons continué à flâner autour de Dublin. Nous avions quand même de quoi nous remonter le moral. J'ai reçu un pourboire pour une course – un « certificat mort » qui devait être dévoilé lors d'une réunion à Phoenix Park. Plus chanceux encore, j'avais désormais récupéré l'argent que j'avais gagné à Croke Park pour utiliser l'information.

Toute notre richesse matérielle reposait sur le cheval. Et il a gagné !

Passons maintenant à un peu des plaisirs légers dont nous pourrions encore profiter. L'argent que nous avions maintenant représentait pour nous une richesse. Bien sûr, je ne le considérais pas comme ma propriété personnelle : il appartenait à notre petit « soviétique ». Tout ce que nous avions, nous le partagions, et il n'y a jamais eu autant de vrais communistes que nous. Avant de pouvoir retourner à Tipperary, nous devions dépenser cet argent. N'importe quel jour pourrait être notre dernier dans ce monde. Quelques balles pouvaient nous faire partir à tout moment sans avoir fait notre testament, et la pensée qui nous ennuyait était la possibilité que nos quelques kilos pourraient fournir aux Black and Tans de quoi boire à notre santé quand nous serions morts.

DINNY LACEY.

Mais nous savions que nous devions être prudents et plus prudents que d'habitude. Le filet se dessinait autour de nous. Un incident survenu à cette heure, dans la nuit du 10 octobre 1920, montre les dangers qui nous entouraient. Sean Treacy et moi avions décidé de passer la nuit chez Seumas Kirwan, 49 Parnell Street. Nous y avions souvent séjourné auparavant et y avions tenu plusieurs réunions. Seumas était lui-même un homme de Tipperary et nous a confié la gestion complète de sa maison. Tous ses assistants et employés étaient des hommes de l'IRA, et chaque fois que nous passions la nuit là-bas , ils étaient entièrement armés.

Cette nuit-là, nous venions d'entrer lorsqu'un homme s'est précipité sur nos talons et a dit à Seumas que « les deux hommes qui venaient d'entrer dans la boutique étaient suivis par un espion ».

Sean et moi nous sommes immédiatement précipités dans la rue et le rabatteur, qui se tenait près de la porte, a couru pour sauver sa vie lorsqu'il nous a vu. C'était un bon juge.

Nous avons changé nos plans et sommes allés ailleurs ce soir-là. Nous savions désormais que la maison de Kirwan serait une maison marquée et je n'y suis plus jamais resté jusqu'à la période de la Trêve.

La manière dont nous avons été prévenus cette nuit-là illustre à quel point la population nous était loyale. Il était assez courant de recevoir des avertissements amicaux de la part de vendeurs de journaux et de vendeurs d'oranges qui voyaient des racoleurs traîner.

Quelques jours auparavant, j'avais rencontré face à face un groupe du gang meurtrier du château de Dublin dans Talbot Street. Nous nous sommes reconnus simultanément et avons dégainé nos armes. Ils n'ont pas tiré. Je ne sais pas pourquoi. Comme je n'avais aucune envie d'engager un groupe entier à moins d' y être contraint , je n'ai pas tiré, mais je suis parti tranquillement sans être inquiété.

Mais revenons à la dépense de nos gains sur le cheval. Notre première petite distraction fut d'aller au cinéma au théâtre La Scala, qui venait d'ouvrir ses portes dans O'Connell Street. C'était dans l'après-midi du 11 octobre 1920. Au théâtre, nous avons rencontré les deux demoiselles Fleming, de Drumcondra, avec elles se trouvait Mme O'Brien, épouse d'Eamon O'Brien, de Galbally, l'un des hommes qui avaient pris part au sauvetage de Knocklong avec nous, et qui se trouvait maintenant en Amérique. Mme O'Brien était non seulement ravie mais étonnée de nous rencontrer. Je suppose que ce fut pour elle une certaine surprise de rencontrer dans un cinéma deux hommes que toutes les troupes et la police d'Irlande avaient pour instruction de tirer à vue. Nous étions désormais habitués à prendre ces risques, même s'il était fort probable que ce soir-là, dans cette salle, pas un seul ne rentrerait chez lui sans être arrêté et fouillé à la porte, dans la rue ou dans le tramway.

Nous avons quitté le théâtre ensemble. Juste au moment où nous entrions dans la rue, le premier homme que j'ai vu faisait partie du gang de meurtriers qui était monté à bord du tram avec moi quelques nuits auparavant. Je ne pouvais pas me tromper à son sujet, car il était l'un des deux assis à côté de moi dans le tramway. Je l'ai vu en premier. Debout sur le chemin et scrutant les spectateurs qui sortaient, il faisait visiblement semblant de chercher un ami, mais j'ai deviné qu'il me cherchait. Il est tout à fait possible, bien que je ne pense pas que ce soit probable, que lui ou un quelconque rabatteur ait vu Sean et moi.

Pendant un instant, j'ai été tenté de sortir mon arme et de lui tirer dessus sur-le-champ. Mais j'étais entre deux filles et je ne voulais pas les alarmer. De plus, s'il avait un complice dans les parages, la riposte des tirs pourrait mettre les filles en danger. Nous faisions tous les cinq face au pilier Nelson pour prendre un tramway jusqu'à la maison de Fleming à Drumcondra, et comme le pilier se trouve à moins de cent mètres du théâtre, je me sentais suffisamment en sécurité pour y marcher. Je n'ai rien dit aux autres et je n'ai pas non plus regardé l'homme du Château. Je savais qu'il avait dû me voir aussi, et j'étais presque certain qu'il nous suivait dans la foule.

Juste au moment où nous approchions du tramway , je reculai pour laisser les autres prendre quelques mètres devant moi. Ce faisant, Kitty Fleming a chuchoté: "Il y a un ami qui me suit." De toute évidence, elle l'avait vu aussi. À cette époque, les filles étaient bien entraînées à utiliser leurs yeux.

Sean et les trois filles montèrent dans le tramway. J'étais à leurs trousses. Alors que je montais sur le marchepied, je me retournai brusquement et fis face à mon ennemi. Il a lu le message dans mes yeux. S'il avait tenté de monter à bord du tramway, je l'aurais criblé sur-le-champ. Mais il a vite vu mon mouvement, et il est revenu discrètement du tramway et s'est perdu dans la foule alors que notre voiture partait pour Drumcondra.

Chez Fleming, nous avons discuté de l'incident autour d'une tasse de café. Parfois, j'étais à moitié désolé de l'avoir laissé s'enfuir avec sa vie. Si j'en avais su autant quand je me tenais sur le marchepied qu'aujourd'hui, les forces de la Couronne seraient un homme de moins ce soir-là ; car, comme la suite le montrera, cet homme ou l'un de ses rabatteurs a dû monter à bord du tramway suivant pour Drumcondra et avoir repris notre piste cette nuit-là.

CHAPITRE XXI.
LE COMBAT DE DRUMCONDRA.

Cette nuit-là, nous avons quitté Fleming vers 23 heures. Au cas où nous aurions été vus entrer et que nous serions toujours suivis, nous sommes sortis par l'arrière. C'était une nuit au clair de lune. De l'arrière de la maison, nous sommes sortis vers Botanic Avenue. Là, Sean et moi avons débattu pendant quelques minutes pour savoir si nous devions aller chez notre amie Mme Fitzgerald, à Hollybank Road, ou continuer chez le professeur Carolan, et nous avons tourné à droite et sommes arrivés au pont sur la Tolka. Le couvre-feu était fixé à midi et les rues étaient déjà désertes. Alors que nous restions un moment sur le pont pour regarder autour de nous et écouter, nous avons entendu le grondement au loin de camions militaires se préparant à partir en patrouille sous le couvre-feu.

Du pont à Carolan, il faut environ sept minutes à pied. C'est la route principale menant à Belfast et un quartier résidentiel aisé. Sur la gauche se trouve le grand Collège de formation des enseignants nationaux et sur la droite, à une certaine distance de la route, se trouve une autre institution bien connue : le All Hallows Ecclesiastical College.

Nous avions une clé de la maison du professeur Carolan, « Fernside ». C'était l'une des nombreuses clés que nous avions à l'époque, toutes données par des amis chez lesquels nous étions les bienvenus chaque fois que nous souhaitions passer à toute heure.

J'avais déjà passé quelques nuits à « Fernside », après avoir été présenté à la famille par Peter Fleming. Je me souviens bien avec quel accueil chaleureux la famille m'a reçu cette première fois et avec quelle attention M. Carolan lui-même m'a fait visiter toute la maison, et en particulier le jardin arrière. Il m'a indiqué un muret comme le meilleur moyen de s'échapper en cas d'attaque. "Je ne pense pas que vous en aurez besoin", dit-il, "mais ce n'est pas un mal de savoir s'y retrouver." C'était un homme gentil et aimable dont les yeux clairs et sérieux inspiraient confiance.

La maison est d'un type assez courant dans les quartiers de banlieue bourgeois de Dublin. Il s'agit d'un immeuble en brique de deux étages comprenant huit ou neuf appartements. Il y a un petit terrain devant face à la route, et à gauche, en entrant, se trouve une porte latérale de commerçant, donnant sur l'arrière. Par cette porte, il serait facilement possible à un homme actif de grimper dans la cour.

Au fond se trouve un long jardin, séparé du jardin attenant par un mur d'environ sept pieds de haut. Tout près de la maison, et presque sous la fenêtre, se trouvait une véranda.

Chaque fois que nous avions bénéficié de l'hospitalité de M. Carolan, nous étions arrivés à la maison avant 23 heures. Cette fois-ci, nous ne sommes arrivés que vers 23h30, et comme il n'y avait pas de lumière, nous avons conclu que la famille s'était retirée et nous sommes entrés le plus silencieusement possible, nous dirigeant vers la chambre qui nous avait été réservée. au deuxième étage à l'arrière, donnant sur la véranda. Il est certain, bien entendu, qu'aucun membre de la famille n'avait connaissance de notre présence dans la maison cette nuit-là.

Nous nous sommes couchés presque immédiatement, dormant tous les deux ensemble. Pourtant, nous n'avions pas vraiment sommeil et pendant un moment nous avons discuté de nos projets pour l'avenir et de notre retour à Tipperary. Ensuite, notre conversation a pris du retard. Mon esprit fut envahi par un étrange pressentiment. Peut-être était-ce la conséquence de mes quelques aventures récentes avec le gang des meurtriers. J'ai essayé de dormir, mais pour une fois, le sommeil ne venait pas. Sean lui aussi était toujours éveillé, mais peu enclin à parler.

J'étais à moitié enclin à lui faire part du sentiment étrange qui m'avait envahi, mais il fut lui-même le premier à parler :

« Dan, » dit-il, « ressentez-vous un sentiment étrange qui vous envahit ? Je ne peux pas dormir. Peux-tu?"

En fait, il avait posé exactement les questions que j'essayais de formuler. Je le lui ai dit et nous avons tous les deux ri.

« Nous pourrions avoir un raid ce soir, Sean, » dis-je en plaisantant à moitié. « Je me demande s'il y a un danger que nous ayons été suivis ce soir en venant ici ? Si nous étions encerclés à cet endroit, nous aurions très peu de chances de nous échapper.

Sean ne répondit pas pendant une minute. « D'une manière ou d'une autre, cela ne me dérangerait pas si nous étions tués maintenant, Dan, » dit-il. "La guerre continuera quoi qu'il arrive, et si nous sommes tués, j'espère que nous mourrons ensemble."

Un autre moment de silence et nous nous sommes tous deux endormis.

Soudain, nous nous sommes assis dans le lit. Dehors, dans la rue, on entendait le pas lourd des hommes en marche. Des voix chuchotaient dans le dos. Par notre fenêtre brillait la lueur d'un projecteur éblouissant. Il était environ 1 heure du matin. Nous étions restés plus d'une heure dans la maison.

Il y a eu un fracas de verre à l'avant. Une porte s'ouvrit. Des escaliers parvenaient des bruits de pas précipités.

Nous sommes sortis du lit ensemble. Simultanément, nos mains agrippèrent nos revolvers. J'ai pris un pistolet dans chaque main. Une main tâtonnait sur notre porte dehors. Je n'ai jamais parlé. Sean m'a pressé le bras et a murmuré "Au revoir, Dan, nous nous reverrons ci-dessus."

Fissure! fissure! Deux balles ont traversé la porte en sifflant. Fissure! fissure! Mon pistolet allemand Mauser répondait.

Il n'y avait aucune lumière, à part le flash des tirs. Dehors, sur le palier, une voix anglaise criait : « Où est Ryan ? Où est Ryan ?

Les balles volaient maintenant de tous côtés, notre porte était entrouverte. Je me suis envolé vers l'atterrissage. Le sang coulait librement de mon pouce droit, là où une balle volante m'a frappé, mais je n'ai ressenti aucune douleur. Dehors, j'ai entendu un bruit sourd, comme si un homme était tombé sur le tapis. Soudain, j'ai réalisé que l'arme de Sean avait raté le feu. Alors que mon Mauser ratissait toujours le palier et les escaliers, j'ai crié à Sean de retourner à la fenêtre. Il recula, juste au moment où une autre balle venue de l'extérieur s'enfonçait dans l'armoire. Les tirs depuis les escaliers avaient momentanément cessé. Il y eut un bruit de pas précipités qui reculaient vers le hall. À l'arrière, j'entendais des coups de feu retentir.

Je me suis précipité hors de la pièce sur le palier et j'ai vu une demi-douzaine de soldats tenter à nouveau de monter les escaliers, leurs torches électriques faisant de moi une cible presque certaine pour leurs balles. Dans ce groupe kaki, mon pistolet a déversé balle après balle. Je savais maintenant que la maison était encerclée et qu'il y avait peu d'espoir de m'échapper. Mais la rage du combat s'était emparée de moi. J'allais être tué; mais je vendrais ma vie très cher.

Alors que je frappais les soldats, ils se sont précipités pour se mettre en sécurité. Ils avaient maintenant évacué le palier supérieur et je les poursuivais dans les escaliers. Quand j'arrivai au premier étage, ils avaient tous disparu : certains s'étaient réfugiés dans les pièces en dessous, d'autres s'étaient retirés tête baissée dans la rue. Il n'y avait pas d'autre cible pour mes balles, mais de temps en temps j'entendais le bruit aigu d'un fusil venant de l'arrière, mêlé de gémissements et de cris occasionnels.

Je me suis précipité vers ma chambre. À la porte, j'ai trébuché sur deux officiers morts et un Tommy blessé. J'ai dû les écarter chacun d'eux avant de pouvoir fermer ma porte. Je ne sais pas pourquoi j'avais manqué de trébucher dessus lorsque je m'étais précipité hors de la pièce. Dans le feu de l' action, on ne voit pas tout.

Une fois de retour dans ma chambre, j'ai claqué la porte et tourné la serrure. Je savais que je n'avais pas un instant à perdre ; car avec les centaines de soldats qu'ils avaient apparemment amenés pour le raid, ils étaient obligés de lancer une autre attaque. Je me suis précipité vers la fenêtre. Un projecteur a allumé un instant l'arrière de la maison et une pluie de balles a traversé les vitres en sifflant. Quelques-uns d'entre eux m'ont frappé, mais quelques blessures n'avaient plus ou moins peu d'importance, car j'avais déjà été touché plus d'une fois au cours de l'échange.

La moitié inférieure de la fenêtre était déjà ouverte. Sean était sorti par là. Je marchai sur le rebord de la fenêtre et tombai sur le toit de la véranda. Dans le clair de lune, je pouvais distinguer d'innombrables casques d'acier tout autour de la maison. Les Tommies me tiraient dessus. Avant de pouvoir quitter le conservatoire , j'ai compris que je devrais m'en sortir.

Avec le revolver que je tenais dans la main gauche, j'ai percé un trou dans le toit de la véranda. Puis j'ai saisi une poutre et j'ai basculé, mon pistolet allemand cherchant toujours une marque sur l'ennemi. Il accomplit parfaitement sa tâche, car au bout d'une minute on ne vit plus aucun soldat : ils avaient disparu.

J'étais toujours suspendu au toit de la serre. Après avoir réduit au silence l' ennemi, je suis revenu sur le toit puis j'ai sauté au sol.

J'ai cherché mon camarade autour de moi. Il n'y avait aucun signe de lui. J'ai appelé son nom, mais je n'ai reçu aucune réponse. Je m'allongeais à plat ventre pour éviter d'offrir une cible à tout Tommy aventureux qui pourrait passer la tête par-dessus le mur du jardin. J'ai continué à appeler Sean.

« Séan ! Sean ! Où es-tu?" Mais il n'y eut pas de réponse. Je pensais qu'il avait peut-être été frappé en passant par la fenêtre et qu'il gisait blessé dans la véranda. Maintenant, je commençais à craindre qu'il ne soit tombé entre leurs mains. Puis je me consolai en pensant qu'après tout, il s'était enfui, même si les chances étaient minces. Je savais que je me battais sur le palier et dans les escaliers depuis près d'une demi-heure, et comme je ne suis pas revenu dans la pièce, Sean a peut-être conclu que j'avais été tué alors qu'il essayait de régler son revolver.

En m'allongeant par terre, j'ai réalisé que je devenais faible. Je n'avais ni chapeau, ni bottes, ni pardessus. J'ai à peine eu le temps d'enfiler un pantalon et un manteau. J'ai vu que j'étais blessé à cinq ou six endroits et que je saignais de la tête aux pieds, mais j'ai dû agir rapidement. Bizarrement, je commençais à sentir que j'allais m'échapper après tout.

Pendant que je réfléchissais encore rapidement à la marche à suivre, l'ennemi revint à l'attaque. Plusieurs grenades ont éclaté autour de moi près de la véranda. J'ai fait un nouvel effort et je me suis levé pour bouger. A peu de distance de moi, j'apercevais ce muret de séparation que mon hôte avait pris soin de me signaler lors de ma première visite. Maintenant, j'appréciais sa clairvoyance alors que je me dirigeais vers le mur. Un peu au-delà de la véranda, dans le jardin, j'ai trouvé les cadavres de deux soldats. Puis j'ai su que Sean était passé par là.

Il aurait pu s'échapper, pensai-je ; mais il risquait toujours qu'il ait été abattu plus loin dans le jardin.

Juste au moment où j'atteignais le mur, une tête de soldat apparut dehors. Il m'a vu et a levé son fusil, tout en criant : « Halte ! arrêt!" Il a tiré et m'a raté. J'ai tiré aussi. Quand je suis tombé par-dessus le mur, loin du jardin de Carolan, j'ai trébuché sur son corps. Je ne sais pas s'il était mort ou blessé.

Un autre groupe de soldats à proximité a ouvert le feu sur moi et je leur ai répondu en retour alors que je me précipitais vers le mur le plus proche. Je me suis remis mais je n'ai pas reconnu mon environnement. Tout ce que je savais, c'est que j'étais sur la route. Soudain, je suis tombé sur une voiture blindée. Il n'y avait rien d'autre à faire que de tirer le premier coup. J'ai touché un de leurs hommes avant que les occupants de la voiture n'aient eu le temps de viser, et je me suis précipité tandis que leurs balles faisaient tomber des éclats de la chaussée et des murs autour de moi, mais ne m'ont jamais touché. À ce moment-là, j'avais reconnu mon environnement. J'étais sur la route principale entre la maison de Carolan et Drumcondra Bridge. Ce serait une folie de continuer sur cette route, car si l'automitrailleuse ne me poursuivait pas, j'étais presque sûr de tomber sur certains de leurs avant-postes près du pont.

Sur ma droite alors que je courais vers la ville se trouvait le mur de pierre calcaire entourant le St. Patrick's Training College. Si je pouvais une fois escalader cela et entrer dans l'enceinte du collège, mes chances de m'échapper étaient bonnes. Mais il mesurait environ 18 pieds de haut. Je n'avais ni bottes ni chaussettes ; un orteil de mon pied droit était cassé et me faisait terriblement mal ; J'avais au moins cinq impacts de balle sur le côté, de la hanche au pied, en plus de plusieurs blessures moins graves. Mais lorsqu'un homme lutte pour sa vie, il acquiert une force qu'il n'a pas en temps ordinaire. J'ai grimpé jusqu'au sommet de ce mur. Comment je l'ai fait, je me suis souvent demandé après coup en passant devant. Quand je suis arrivé au sommet, je me sentais presque heureux. Mes espoirs sont devenus plus forts, même si mon corps s'est affaibli à cause de la terrible excitation et de la perte de sang. J'ai glissé prudemment vers l'intérieur et me suis orienté vers l'ouest, en direction de Glasnevin ou de Finglas. Mais j'étais encore à quelques centaines de mètres de « Fernside » et, à tout moment, je pouvais à nouveau tomber sur un groupe de soldats. J'ai rampé aussi silencieusement que possible. À ce stade, je pense que c'était mon instinct qui me guidait. J'étais abasourdi et aussi proche de l'inconscience qu'un homme peut l'être alors qu'il a encore le pouvoir de marcher. J'ai perdu toute notion du temps et de la distance.

Enfin je me trouvai au bord d'une rivière. Je savais que ce devait être le Tolka. Je n'avais aucun endroit où chercher un abri. Mon seul objectif était de mettre une certaine distance entre moi et mes poursuivants. Je ne pouvais pas sortir sur la route pour chercher un pont. Je devais traverser la rivière et il n'y avait qu'une seule façon de le faire. Heureusement, ce n'était pas profond et alors que je pataugeais dans l'eau froide et perçante, je pouvais la sentir couler à travers ma jambe là où certaines balles avaient fait un passage clair à travers ma chair. Je ne peux pas dire que j'ai ressenti le froid trop vivement. Je suppose qu'il y a des moments où la nature est morte aux sentiments mineurs.

Quand je suis arrivé de l'autre côté de la rivière , j'ai vu que j'étais à proximité de quelques maisons. Je savais que ce devaient être les maisons de Botanic Avenue et que j'étais à l'arrière. Je ne pouvais plus lutter. Le sang coulait de moi tout le temps. Mon seul espoir, si je ne devais pas tomber et mourir d'épuisement et de froid, était de chercher refuge sur l'un de ces toits.

Je ne sais pas quel instinct m'a poussé, mais j'ai choisi une porte dérobée en particulier. C'était comme si un ange murmurait que cette porte et celle-là ne me offraient que de l'espoir.

J'ai frappé. Je me rendais bien compte du spectacle que je devais offrir maintenant, à 3 ou 4 heures du matin, à moitié vêtu, échevelé et couvert de sang.

Une deuxième fois, j'ai frappé. Un homme a ouvert la porte. Mon apparence était une explication suffisante, mais j'ai marmonné quelques mots pour dire que j'avais besoin d'un abri.

Il ne m'a pas demandé qui j'étais ni comment j'avais reçu mes blessures. Il a simplement dit : « Entrez. Tout ce que nous pouvons faire pour vous, nous le ferons. »

Lui et sa femme m'ont accueilli. Cette dernière a rapidement convoqué l'infirmière Long, qui habitait à proximité. Ils pansèrent mes blessures et me donnèrent des stimulants que l'infirmière se procura auprès de mes amis les Flamands, au péril de sa vie, devant passer deux fois le cordon excité des soldats aux petites heures du matin.

Puis j'ai appris qui était mon bon Samaritain. Il s'agissait de M. Fred Holmes, dont les sympathies, je crois, étaient de l'autre côté.

Mais lui et sa femme m'ont soigné ce matin-là avec le soin et l'attention qu'ils auraient pu accorder à un fils ou à un frère. Il n'était pas nécessaire de leur dire comment j'en étais arrivé à cette situation difficile. Pourtant, ils m'ont accueilli et m'ont sauvé la vie.

La gratitude n'est qu'un pauvre mot pour exprimer mes sentiments envers cette famille. Le matin, je leur ai dit qui j'étais. Ils m'assurèrent que tout ce qui était en leur pouvoir serait fait pour me permettre de récupérer et de me rendre en lieu sûr, car je savais que je ne pourrais pas rester longtemps dans une maison qui n'était pas à un demi-mille du lieu de la bataille.

CHAPITRE XXII.
MANQUÉ PAR POUCES.

Tôt le matin, toujours le 12 octobre 1920, Mme. Holmes, à ma demande, a envoyé une note à Phil Shanahan, avec un message pour Dick McKee. Je voulais être expulsé le plus rapidement possible. Je voulais également signaler au quartier général que Sean Treacy avait été tué lors du même engagement.

Pendant que j'attendais la réponse, j'appris des gens de la maison que dans chacune des maisons de chaque côté logeaient un Noir et un Feu, les deux maisons étant la propriété de membres de la police de Dublin. Vous pouvez imaginer à quel point j'ai eu de la chance de choisir la porte arrière que j'ai choisie.

Peu de temps après , une automobile arriva devant la porte. Il y avait Joe Lawless, Maurice Brennan et Tom Kelly. Ils avaient été envoyés par Dick McKee pour m'emmener à l'hôpital Mater où il avait déjà pris des dispositions pour que je sois reçu et soigné.

On m'a fourni une tenue et on m'a placé dans la voiture. Mon plus vif regret n'était pas le costume que j'avais été obligé de laisser chez Carolan, mais les billets de six livres et la montre qui étaient dans les poches. Il est probable qu'un officier entreprenant ait passé une bonne nuit après cette découverte, car j'ai à peine besoin de dire que mes pertes n'ont pas fait l'objet d'une indemnisation lorsque la trêve est arrivée.

J'ai été conduit sur Botanic Road, en passant par Phibsboro, en direction de l'hôpital Mater. Au coin de Phibsboro, un homme du DMP nous a fait signe de nous arrêter à notre approche. Pendant un moment, nous avons eu peur que quelque chose n'allait pas. Mais le soulagement est venu au bout de quelques instants. On nous a simplement demandé de ralentir pendant le passage d'un convoi d'auxiliaires, probablement pour faire une descente dans quelques maisons de la localité pour moi.

Nous avons continué notre voyage et, alors que nous approchions de l'entrée de l'hôpital dans Eccles Street, j'ai vu Dick McKee, lui-même un homme très recherché à l'époque, marchant lentement le long du chemin. D'un léger geste de la main, il nous fit signe de passer devant l'hôpital. Un peu plus loin, il est venu vers nous pour nous dire que nous ne pouvions pas entrer à l'hôpital pendant un certain temps car il y avait deux inspecteurs de la DMP, et des militaires et des policiers faisaient actuellement une descente dans l'hôpital à la recherche de blessés.

"Dan", dit-il en me serrant la main pendant un moment, "vous avez les mêmes hommes que nous aurions dû consacrer les deux prochaines années à chercher."

Notre voiture a traversé Dorset Street jusqu'à Mountjoy Square et est finalement entrée dans une ancienne écurie de Great Charles Street. C'était l'un des dépotoirs les plus connus, utilisé pour dissimuler les armes de la brigade de Dublin, bien qu'il ait été découvert peu de temps après par l'ennemi.

Il est facile d'imaginer à quel point j'étais malade et fatigué de la vie alors que je conduisais dans cette vieille écurie, mais imaginez ma joie de voir Sean Treacy attendre pour m'accueillir.

Il s'en était sorti sans la moindre égratignure. Il me raconta brièvement — car il n'avait pas beaucoup de temps à perdre — ses aventures. Il s'est enfui sain et sauf par l'arrière, convaincu que j'avais été tué. Pendant des heures, il avait erré presque nu à travers le pays, sachant à peine où il se trouvait jusqu'à ce que, à l'aube , il frappe à une porte dans un dernier effort pour se mettre à l'abri. Il ne savait même pas dans quel quartier il se trouvait jusqu'à ce que la porte lui soit ouverte par son propre cousin Phil Ryan, de Finglas ! En réalité, le sort était de notre côté ce matin-là.

Dans notre joie de nous retrouver, nous oubliions presque nos périls ; car les rues de Dublin étaient fouillées ce jour-là par des centaines de soldats comme jamais auparavant. Mais nos éclaireurs rapportèrent que la voie vers le Mater était désormais libre puisque l'ennemi avait quitté l'hôpital. Les garçons tenaient à ne pas perdre de temps jusqu'à ce que je sois entre des mains expertes, et nous nous dirigâmes immédiatement vers le Mater. Ils m'ont emmené sur une civière à l'hôpital et, alors que j'étais allongé sur cette civière, j'ai serré la main de Sean Treacy – pour la dernière fois.

Je ne pensais pas, ce soir-là, que plus jamais sur cette terre je ne poserais les yeux sur mon fidèle camarade, celui qui m'était plus cher qu'un frère. Si j'avais su alors que ce serait notre dernière rencontre dans ce monde, j'aurais peu de courage pour lutter contre mes blessures. Pauvre Sean ! le camarade de mes aventures, le partageur de mes espoirs. Son visage est toujours devant moi, et jusqu'à ma dernière heure, son souvenir me fera lutter contre des larmes aveuglantes.

À mon arrivée à l'hôpital, le chirurgien Barnaville m'a pris entre ses mains compétentes et je crois que je dois ma vie et mon prompt rétablissement à ses soins et à son dévouement incessants.

Le lendemain, un ami qui m'a rendu visite m'a raconté toute l'histoire du combat de Drumcondra, ou du moins la partie que je ne connaissais pas moi-même. Il en avait appris certaines dans les journaux, d'autres grâce à notre service de renseignement.

Il semble qu'en dépit de nos précautions, nous avons été suivis chez Fleming ce soir-là, puis chez Carolan par l'homme même que nous avions vu à l'extérieur du théâtre. Leurs services secrets ont pu signaler que « Breen et « Lacey » étaient partis à « Fernside ». Je n'ai jamais découvert depuis si Sean Treacy avait réellement été confondu avec Dinny Lacey, ou si la similitude des noms de famille avait dérouté l'espion.

Immédiatement, tous les hommes « G » du château furent mobilisés pour le raid, mais ils refusèrent catégoriquement de se rendre au travail. De cette démonstration de lâcheté et de mutinerie, les chefs ennemis furent furieux ; mais ils ne pouvaient pas se permettre de trahir leur faiblesse en laissant échapper la nouvelle que toute leur équipe de détectives avait refusé de participer à un raid. Ainsi, les détectives n'ont pas été punis pour leur indiscipline, et pour dissimuler la mutinerie, les hommes « G » ont reçu l'ordre le même matin de faire une descente dans le magasin appartenant à M. JJ Walsh (aujourd'hui directeur général des Postes de l'État libre).

Entre temps, les chefs militaires avaient été informés de la situation. Ils ont demandé « de quel genre de travail » il s'agirait, et on leur a répondu qu'ils pourraient s'attendre à « de nombreuses fusillades ».

L'armée disposait d'hommes prêts à prendre le risque. Le principal parmi ceux qui se sont portés volontaires pour le raid était le major GOS Smyth, originaire de Banbridge et ancien inspecteur de district du RIC. Cet homme avait servi en Égypte jusqu'à ce qu'il apprenne que son frère, également major, un commissaire divisionnaire du RIC. RIC avait été abattu à Cork. Ce commissaire était un fonctionnaire notoire qui s'est adressé à la police de Kerry et lui a dit de tirer sur toute personne soupçonnée d'être un Sinn Feiner, ajoutant « plus on est de fous, plus on est de fous ». Cette incitation de sang-froid au meurtre même de civils ordinaires a conduit d'abord à une mutinerie du RIC à Listowel, puis à la mort de Smyth lui-même en un mois. Il a été abattu au County Club, au cœur de la ville de Cork.

Son frère, qui avait servi dans l'armée britannique en Égypte, se porta immédiatement volontaire pour servir en Irlande, avec l'intention avouée de venger la mort de son frère. Avec lui, il amena un groupe d'hommes choisis, animés par des motivations similaires.

Il fut le premier à être tué cette nuit-là. Avec lui tomba un autre officier, le capitaine AD White. Un caporal a également été blessé. Les Britanniques reconnaissaient officiellement ces pertes, mais nous savions que leurs pertes étaient plus lourdes. Il était courant à cette époque que les Britanniques dissimulent leurs véritables pertes.

Mais ce qui m'a le plus attristé, c'est la nouvelle que notre fidèle ami, le professeur Carolan, avait également été mortellement blessé. Le rapport officiel publié à l'époque indiquait que le professeur avait été touché par la première balle qui avait traversé notre porte. Il s'agissait du rapport d'une enquête militaire secrète condamnant les tirs sur les officiers, car il faut se rappeler que bien avant cela, les Britanniques avaient interdit la tenue d'enquêtes de coroner. Les jurés ordinaires étaient des hommes honnêtes et insistaient pour connaître la vérité, exposant ainsi toute la campagne de meurtres des Anglais.

Le pauvre M. Carolan a survécu plusieurs semaines. Il était en fait à l'hôpital Mater en même temps que moi, mais dans une partie différente de l'établissement. À une époque, on espérait beaucoup qu'il se rétablisse. Durant cette période, il fit une déclaration en présence de témoins qui sera publiée dans les journaux de Dublin des 21 et 22 octobre 1920. C'était la déclaration sur son lit de mort d'un homme honorable et d'un pieux catholique. S'il faut une preuve supplémentaire de son exactitude, c'est le fait que les journaux qui l'ont publié n'ont pas été supprimés, comme ils l'auraient été dans la demi-heure si le rapport était inexact.

Dans cette déclaration, M. Carolan a indiqué très clairement et catégoriquement qu'au moment où il a été abattu, nous avions pris la fuite. Nous étions sortis de la maison depuis un quart d'heure, a-t-il déclaré, avant d'être mis debout, face contre le mur, et délibérément abattu par un officier britannique. Lorsqu'il a ouvert la porte pour la première fois aux pillards, ils lui ont demandé qui était dans la maison, et l'homme fidèle a répondu qu'il pensait que Ryan était son nom, donnant un nom courant dans cette partie du pays d'où nos accents indiqueraient que nous venions. Cela explique les cris que nous avons entendus : « Où est Ryan ? Où est Ryan ?

Un revolver était constamment maintenu contre la tempe du pauvre homme, et lorsque les Britanniques virent leurs dirigeants tués, ils l'assassinèrent en représailles. Généreux, noble et patriotique, il a osé nous abriter alors que peu de nos prétendus amis l'auraient fait. Je penserai toujours à lui et à la gentillesse de sa famille envers nous, et je regretterai du fond du cœur qu'il ait connu une mort si triste. Qu'il repose en paix.

Le soir du 13 octobre, alors que j'étais emmené dans le Mater, le village de Finglas, où Sean avait trouvé refuge, et à seulement un mile de la maison avec laquelle je m'étais lié d'amitié, fut entièrement investi par des centaines de soldats britanniques. trousse de guerre. De toute évidence, soit ils avaient retracé Sean jusqu'au district, soit ils soupçonnaient que j'étais allé plus loin que je ne l'avais réellement fait.

Chaque maison du village et du quartier a été fouillée, mais en vain.

Une autre suite du combat contre Drumcondra que je dois raconter avant de poursuivre ma propre histoire. Tous les membres masculins de la famille Fleming ont été arrêtés le lendemain. C'est la meilleure preuve que nous ayons que nos pas ont été tenaces toute la nuit. Michael Fleming a été condamné à six mois d'emprisonnement pour avoir refusé de fournir des informations sur moi.

Le jeudi 14 octobre 1920 est une date que je n'oublierai jamais. C'était mon troisième jour à l'hôpital.

En début d'après-midi, une des sœurs est arrivée en courant dans ma chambre. Avant qu'elle ne parle, je pus lire qu'elle avait de sérieuses nouvelles. Quelques heures auparavant, j'avais entendu des tirs dans le quartier, mais, m'a-t-on dit, il s'agissait d'une rencontre au coin de Phibsboro où une tentative de capture d'une voiture blindée s'était soldée par un échec – un homme de l'IRA ayant donné sa vie dans cet effort. Cela s'est produit à seulement trois cents mètres de l'endroit où j'étais allongé.

Mais la Sœur avait pour moi des nouvelles plus graves que cela. L'hôpital était encerclé par des troupes et des véhicules blindés, et l'hôpital était fouillé à ma recherche.

Mon lit était près de la fenêtre. Je me suis relevé sur mon coude et j'ai regardé dehors. En bas, j'ai vu les silhouettes robustes et les casquettes Glengarry d'une douzaine d'auxiliaires qui montaient la garde à l'extérieur.

"Cette fois, tout est fini, Dan", me suis-je dit, "et tu ne peux même pas sortir une arme!"

D'une manière ou d'une autre, je me sentais résigné. Car la musique des coups de feu que j'avais entendus ce matin-là me disait que le combat allait continuer.

Pourtant, je ne peux pas dire que je n'étais pas excité. De temps à autre, j'entendais vibrer les moteurs des voitures militaires. Peut-être partiraient-ils sans me trouver. Mais ils ne faisaient que monter et descendre pour retenir la foule. Quand j'ai regardé, les auxiliaires étaient toujours là. Les minutes se sont transformées en heures. Le raid finirait-il un jour ? Quand la porte s'ouvrirait-elle pour admettre les chercheurs dans ma chambre ?

La chance m'a favorisé une fois de plus. Après un séjour de deux heures, les pillards sont repartis sans même s'approcher de ma partie de la maison.

Quand ils furent partis, j'appris la raison de leur attaque. Tôt ce matin-là, un jeune homme de l'IRA nommé Furlong avait été blessé dans une explosion survenue près de Dunboyne, à dix miles de la ville, où il testait des bombes. Ses camarades le transportèrent aussitôt, mourant, au Mater. Les Britanniques en ont entendu parler. Il ne me ressemblait pas en apparence. Le pauvre garçon est mort pendant le raid, et je crois que certains des Black and Tans pensaient avoir vu le dernier de Dan Breen.

Ce raid a eu pour moi personnellement la plus triste suite qui puisse arriver. Dans le chapitre suivant, je raconterai ce que j'ai appris par la suite.

CHAPITRE XXIII.
EXÉCUTIONS ET REPRÉSAILLES.

Pendant que j'étais allongé dans le Mater, mon fidèle camarade, Sean Treacy, ne restait jamais inactif. Sa principale préoccupation pendant cette période était d'être toujours aux aguets pour ma sécurité. Et ce jeudi soir, 14 octobre 1920, il apprend que l'hôpital est encerclé.

Sans attendre, il se rendit au quartier général pour chercher une équipe de secours dont lui-même ferait partie. Sa demande fut accordée et, en moins d'une heure, lui et d'autres camarades fidèles étaient occupés à mobiliser leurs hommes. Dans son zèle à entreprendre une tâche désespérée pour ma sécurité, il s'est oublié. Il parcourait ouvertement les rues principales et était suivi. Je ne peux pas le dire avec certitude, mais j'ai la ferme conviction que l'homme qui l'a retrouvé était le même homme qui, trois jours auparavant, nous avait retracés jusqu'à Drumcondra.

Sean avait presque terminé les préparatifs du sauvetage lorsqu'il se rendit au « Republican Outfitters », dans Talbot Street, où il devait régler quelques derniers détails. Cet endroit était un établissement de draperie appartenant à Tom Hunter, TD et Peadar Clancy. C'était peut-être le centre le plus connu dans lequel les hommes de l'IRA se réunissaient de temps en temps ou délivraient des messages, même s'il était si étroitement surveillé qu'il n'était jamais conseillé de s'y attarder longtemps.

Lorsque Sean est arrivé dans le magasin, il a trouvé George et Jack Plunkett, fils du comte Plunkett, TD, et tous deux membres du personnel du quartier général. Avec eux se trouvaient Joe Vyse et Leo Henderson, officiers de la brigade de Dublin, qui tenaient une réunion précipitée.

Peadar Clancy, qui quitta le magasin, accompagné d'une amie, avait à peine atteint le pilier Nelson, à deux cents mètres de là, lorsqu'il vit un raid militaire se précipiter depuis O'Connell Street dans Talbot Street, et soupçonna aussitôt que le magasin allait être perquisitionné. Mais il n'avait aucune chance de donner la parole aux garçons. Il faudrait moins de deux minutes aux militaires pour atteindre le magasin. Sean, qui se tenait près de la porte, fut le premier à voir l'ennemi approcher. Deux ou trois autres durent affronter le front et tenter leur chance pour échapper aux Britanniques.

Les camions se sont arrêtés devant la porte. L'un des présents dans le magasin a immédiatement couru de la porte vers la rue. Un militaire est descendu du camion pour l'intercepter. Au même moment, un officier des renseignements auxiliaires, dont le nom était « Christian » et qui était en civil, sautait du premier camion et criait : « Ce n'est pas lui. Voici l'homme que nous voulons

» – se précipitant vers Sean Treacy, qui était en train de jeter sa jambe sur le vélo qu'il avait laissé devant la porte.

Sean a vu qu'il était coincé et a sorti son arme. Ce fut un combat sans espoir dès le début, mais comme l'homme qu'il était, Sean Treacy s'est battu jusqu'à ce qu'il soit criblé.

L'ensemble du contingent des troupes britanniques et des auxiliaires, indépendamment même de leur propre camarade qui était aux prises avec Sean, tourna leurs fusils et leurs mitrailleuses vers l'homme qu'ils redoutaient. Ils ont tué Sean et trois civils qui se trouvaient dans la ligne de tir, mais Sean avait laissé « Christian » dangereusement blessé avant qu'il ne tombe lui-même.

Ainsi mourut le plus grand Irlandais de notre génération. Il a donné sa vie pour sauver ses camarades. Ce n'était pas la première fois qu'il proposait de le faire.

Je n'hésite pas à déclarer que Sean Treacy était non seulement le plus noble patriote de notre époque, mais aussi le plus grand génie militaire de notre race. C'est une grande affirmation pour un homme décédé avant l'âge de 28 ans et qui n'avait reçu aucune de la formation que nous associons aux chefs militaires de renommée et de réputation. Le monde a depuis reconnu que les tactiques adoptées par l'IRA dans sa guérilla contre les Britanniques étaient inspirées par un génie du plus haut niveau. J'affirme maintenant pour mon camarade décédé que la plus brillante de ces tactiques pour lesquelles d'autres ont été crédités était le produit du cerveau actif de Sean Treacy. Il a donné des indices ; d'autres les ont élaborés. Il est mort avec le sourire aux lèvres — le patriote le plus noble, l'homme le plus courageux et le soldat le plus propre et le plus honorable que j'aie jamais connu.

Je ne savais rien de la bagarre de Talbot Street pendant plusieurs jours. Je ne suis enclin ni à la superstition ni aux envolées de l'imagination, mais je suis si sûr en écrivant ces lignes que j'ai su ce jeudi après-midi que Sean Treacy était mort. Il se tenait au pied de mon lit, avec un sourire calme sur le visage.

Ce soir-là, Mick Collins est venu me voir. Ma première question était : « Où est Sean ? J'étais encore trop malade pour qu'on me dise l'amère vérité. Mick détourna les yeux du mien et répondit : « Il est à la campagne. »

Ce n'est que dix jours plus tard que j'ai entendu toute l'histoire. De Ship Street Barracks, où son corps avait été emmené par les Britanniques, les restes de Sean Treacy furent transportés dans son Tipperary natal, où ils furent reçus avec un honneur et un respect qu'aucun roi ne pouvait revendiquer. Depuis l'église de Soloheadbeg, où il s'était agenouillé pour prier lorsqu'il était enfant, le corps de la fierté de Tipperary a traversé la ville de Kilfeacle. Jamais auparavant de tels honneurs n'avaient été accordés à un Tipperaryman mort.

Les Britanniques semblaient le craindre dans la mort, car leurs goules armées cherchaient à interférer avec les funérailles. La journée a été observée comme un jour de deuil général dans le sud de Tipperary, et le cortège funèbre a duré plusieurs kilomètres. À peine un œil était-il sec ce jour-là.

Le pays n'oubliera pas de sitôt Sean Treacy. Sa tombe à Kilfeacle est devenue un lieu de pèlerinage et son nom figurera parmi ceux qui figurent au premier rang des soldats et des patriotes de notre peuple.

Le vendredi soir suivant, j'ai été retiré de l'hôpital Mater par Gearoid O'Sullivan et Rory O'Connor. Gearoid O'Sullivan fut plus tard adjudant général de l'armée de l'État libre. Rory O'Connor, avec ses camarades Liam Mellows, Dick Barrett et Joe McKelvey, a été exécuté dans la prison de Mountjoy le 8 décembre 1922, sur ordre du gouvernement de l'État libre, en représailles à la fusillade de Sean Hales.

Ces deux-là m'ont accompagné en automobile jusqu'à la maison d'une femme médecin du sud de la ville. On sentait que la Mater n'était plus un endroit sûr pour moi, même si je penserai toujours avec gratitude aux soins dévoués que j'ai reçus de tous les membres du personnel, en particulier du chirurgien Barnaville et des religieuses. Il ne faut pas oublier qu'à cette époque, les Britanniques avaient ordonné que tout médecin ou infirmier qui soignait un patient blessé par balle devait immédiatement signaler le cas au château. Le but était de retrouver des hommes qui se trouvaient dans une situation similaire à la mienne. Il faut reconnaître que les membres du corps médical, quelles que soient leurs opinions politiques personnelles, ont absolument refusé d'exécuter ces ordres.

À mon nouveau lieu de repos, je fus de nouveau soigneusement soigné et mes blessures commencèrent à guérir rapidement. Après quelques jours, j'étais capable de me lever du lit pendant une courte période chaque jour.

Une semaine après mon arrivée dans cette maison, un autre incident passionnant se produisit. Tout le pâté de maisons dans lequel vivait mon hôtesse était encerclé. Une fois de plus, pensai-je, ils étaient sur mes traces. De ma fenêtre, j'ai vu les troupes prendre position. Je me précipitai vers la lucarne, car les lucarnes m'avaient souvent été utiles auparavant. Juste au moment où j'arrivais à la lucarne, j'ai vu un auxiliaire dehors sur le toit avec un fusil à la main.

Cette fois, ai-je conclu, je n'avais aucune chance. Je devais être pris comme un rat dans un piège. Je suis retourné à la fenêtre d'entrée. À l'extérieur se trouvait une ligne de kaki et d'acier. Au-delà, il y avait une foule de curieux. Certains, je suppose, étaient pleins d'anxiété et craignaient qu'un soldat irlandais ne soit pris au piège. D'autres étaient sans doute fiers de l'armée de l'Empire et espéraient qu'elle gagnerait un autre petit laurier.

Alors que mes yeux parcouraient la file de spectateurs, j'ai vu la silhouette de Mick Collins. Plus tard, j'ai appris pourquoi il était là. Il avait vu les troupes se diriger vers le district où j'étais soigné et avait même rassemblé quelques garçons pour être prêts à tenter un sauvetage.

Leurs services n'étaient pas nécessaires. Les militaires ont fait une descente dans presque toutes les maisons de la localité, y compris la maison voisine, mais ne sont jamais entrés dans l'endroit où je me trouvais. J'étais néanmoins reconnaissant envers Mick. Comme je l'ai déjà expliqué, il était le seul membre du GHQ à nous soutenir de manière constante.

Il a été jugé opportun de me retirer à nouveau. J'ai été emmené à Dun Laoghaire chez Mme Barry au début de novembre 1920. Miss O'Connor et Miss Mason ont été toutes deux mes infirmières constantes pendant que j'étais là-bas et mon rétablissement a été rapide. Je n'étais là que depuis trois ou quatre jours lorsque presque toutes les maisons de l'avenue furent perquisitionnées, à l'exception de celle de Mme Barry. De toute évidence, les espions britanniques suivaient la piste mais perdaient l'odeur.

J'étais à Dun Laoghaire le « Dimanche sanglant », le 21 novembre. Ce matin-là, quatorze officiers du renseignement britannique ont été abattus dans leur logement à Dublin par nos hommes. Ces officiers, qui vivaient la vie de civils ordinaires dans des maisons privées, étaient en réalité des espions et le cerveau du département de renseignement britannique de l'époque. Dans tous les pays, les espions paient la peine de mort en temps de guerre, et même les ministres britanniques de l'époque justifiaient toutes leurs actions en affirmant qu'ils étaient « en guerre contre l'Irlande ». Mais il ne pouvait pas y avoir une série de règles de guerre pour leurs hommes et une autre pour les nôtres.

L'opération fut l'une des plus réussies réalisées à Dublin. L'IRA a cependant subi quelques pertes. Frank Teeling a été capturé et condamné à mort, mais s'est évadé de la prison de Kilmainham avant que la peine ne soit exécutée. Paddy Moran a ensuite été capturé et jugé pour avoir participé à l'une de ces exécutions, alors qu'il se trouvait à six kilomètres des lieux. Il fut pendu à Mountjoy au début de 1921. Je connaissais bien le pauvre Paddy. Je l'ai rencontré pour la première fois chez mon amie Mme O'Doherty à Connaught Street, Dublin. C'était un personnage adorable et un fidèle soldat de l'Irlande.

Il y eut ce jour-là deux terribles représailles pour l'exécution des quatorze espions.

En plein jour, le même après-midi, des centaines de soldats et de Noirs et Feu se sont rendus à Croke Park où 10 000 personnes, qui n'avaient même pas entendu parler des fusillades de ce matin-là, assistaient à un match de football entre Tipperary et Dublin.

Autour du terrain, les Britanniques ont lancé sans avertissement volée après volée sur la foule, tuant dix-sept personnes et en blessant une cinquantaine. Ce crime était peut-être le plus diabolique dont l'Angleterre se soit rendue coupable.

Un autre incident de « Bloody Sunday » a cependant eu pour moi une touche personnelle plus triste. C'était le meurtre de Peadar Clancy et Dick McKee. Ils avaient été capturés par l'ennemi peu de temps auparavant et assassinés au château de Dublin en représailles à la fusillade des officiers. Bien sûr, Sir Hamar Greenwood, ou son principal fabricant de mensonges au Château, a inventé l'une de leurs explications habituelles selon laquelle ils avaient attaqué le garde et tenté de s'échapper. Imaginez deux officiers très intelligents tentant d'attaquer un garde armé au cœur d'une forteresse d'où une souris ne pourrait s'échapper ! Un examen médical indépendant a montré que les deux hommes de l'IRA ont été soumis aux tortures les plus incroyables avant d'être tués.

Mick Collins et Tom Cullen (plus tard ADC du nouveau gouverneur général de l'État libre) ont organisé cet examen médical, ainsi que la mise au repos des deux corps à la Pro-Cathédrale. Je mentionne cela à leur honneur, car peu de membres du personnel du GHQ se seraient aventurés autant en public à cette époque de danger et d'incertitude.

Pauvres Dick et Peadar ! Ils étaient deux de nos officiers les plus courageux et deux de nos plus fervents partisans de la politique de guerre intensive. Ils n'ont vécu que cinq semaines après Sean et n'ont même pas eu la chance de mourir en combattant comme lui. Un volontaire du comté de Clare nommé Conor Clune a été assassiné à la même occasion dans le château.

CHAPITRE XXIV.
MON RETOUR À TIPPERARY.

De Dun Laoghaire, Eamonn Fleming m'a emmené en automobile à travers les montagnes jusqu'à Wicklow. À un endroit, Eamonn m'a présenté sous un faux nom, mais l'homme de la maison a ri de bon cœur et lui a assuré qu'il me connaissait bien ainsi que Dan Breen, car il était un patient dans la même partie de l'hôpital Mater lorsque j'y étais quelques semaines. avant.

A cette époque, je devais continuer à me déplacer d'un endroit à l'autre plus rapidement, car l'Angleterre affluait maintenant des troupes par milliers dans le pays. Les prisons et les établissements pénitentiaires de Grande-Bretagne étaient parcourus à la recherche de recrues pour les Black and Tans, à qui leurs chefs avaient donné toutes les assurances qu'ils n'auraient pas à craindre de souffrir s'ils se laissaient aller dans une campagne de meurtres, de pillage et d'incendie criminel. Et ils ont compris.

J'ai passé quelques jours dans la charmante maison de Bob Barton, TD, dans le Glen of Wicklow. Plus tard, je suis retourné plus au sud et finalement, quelques jours avant Noël 1920, je me suis retrouvé dans ma propre zone de brigade à South Tipperary.

Ici, j'ai retrouvé tous les anciens camarades : Seumas Robinson, Dinny Lacey, Sean Hogan, Sean O'Meara et bien d'autres. Je me sentais à nouveau fort, mais sur ordre du médecin, je n'étais pas autorisé à parcourir une distance considérable.

La guerre était alors à son paroxysme. Nos colonnes circulaient en plein jour, le fusil sur l'épaule, accueillies partout par le peuple, dont le délit de nous héberger était un châtiment de mort. L'ennemi ne s'aventurait désormais hors de ses places fortes dans les villes que par centaines, accompagnés de dizaines de blindés. L'appareil gouvernemental britannique était complètement détruit. Les tribunaux britanniques étaient désertés tandis que les justiciables affluaient vers les tribunaux républicains pour obtenir justice, même si une longue peine d'emprisonnement était la sanction infligée à toute personne trouvée dans l'un de nos tribunaux. Les ordres des ministères anglais ont été ignorés par tous nos organismes publics. En un mot, la seule prétention de l'Angleterre à gouverner l'Irlande à cette époque était qu'elle comptait dans le pays environ cent mille criminels armés habillés en soldats et en policiers.

J'ai passé un moment dans le quartier de Solohead, puis j'ai continué vers Cahir et Rosegreen. J'ai passé la majeure partie du reste de la guerre dans cette partie du comté, autour de Fethard, Cahir et Rosegreen. Nos colonnes étaient désormais occupées à combattre chaque jour et, à cette époque, nous mettions en pratique l'idée d'avoir des abris élaborés pour dormir et cacher les armes. Ces lieux de repos souterrains avaient des entrées très étroites, à peine assez grandes pour laisser passer le corps d'un homme.

En avril 1921, nous étions dans le district de Cahir lorsque notre officier de renseignement de la brigade rapporta qu'il était devenu habituel qu'un convoi de troupes britanniques passe entre Clogheen et Cahir tous les mercredis matin. Nous avons décidé de tendre une embuscade à ce convoi le 22 avril. Un message fut envoyé aux colonnes pour qu'elles se mobilisent à l'endroit choisi pour l'attaque. Con Moloney (qui est devenu chef d'état-major adjoint de l'IRA pendant la guerre civile) et moi sommes arrivés dans le quartier la nuit précédente et avons rejoint nos colonnes. A cette époque, nous circulions en automobile, le lecteur appréciera donc le changement qui s'est produit. En 1919, alors que la guerre n'avait pas encore éclaté, je n'osais pas rester dans mon propre comté, et maintenant, en 1921, alors que la guerre était à son paroxysme, je pouvais utiliser une automobile avec une sécurité relative.

Le 22, à 5 heures du matin, tous nos hommes se levèrent pour préparer l'embuscade. C'était à peu près à mi-chemin entre Clogheen et Cahir. Quand tout fut prêt, Moloney, Lacey, Hogan et moi-même visitâmes les positions.

Le groupe ennemi devait passer vers 10 heures du matin, et avant cette heure nos hommes étaient en alerte, leurs fusils à la main. Il était environ 11 heures lorsque nous commençâmes à craindre que les soldats ne suivraient pas leur coutume habituelle ; Nous sommes néanmoins restés prêts jusqu'à 13 heures, lorsque Con Moloney et moi avons décidé de retourner au quartier général de la brigade , « quelque part dans le sud de Tipperary ».

Nous n'avions quitté la position qu'une demi-heure lorsque le convoi arriva. Nos hommes sommèrent aussitôt l'ennemi de se rendre, mais celui-ci répondit en ouvrant le feu. Un violent affrontement s'ensuit, au cours duquel un soldat est tué et deux blessés. Le reste du groupe s'est ensuite rendu à l'IRA, qui les a désarmés, détruit leur convoi, puis a relâché leurs prisonniers.

Nos hommes ne tardèrent pas à se retirer de leur position, car les tirs avaient probablement été entendus à Clogheen et à Cahir, tous deux occupés par de fortes garnisons britanniques qui allaient immédiatement précipiter des renforts dans les districts. L'IRA marchait avec son butin, en formation de colonne, lorsqu'une seule automobile, tournant au coin d'un endroit appelé Curraghclooney, faillit percuter l'arrière-garde. La voiture a été arrêtée. Nos hommes ont demandé son nom à l'occupant et ont obtenu la réponse : « Inspecteur de district Potter, du RIC, Cahir ».

Il fut aussitôt fait prisonnier et sa voiture saisie. Nos colonnes n'avaient pas avancé beaucoup plus loin lorsqu'elles se trouvèrent soudainement prises en embuscade par un important groupe de troupes ennemies. Un engagement vif s'est développé, mais bien que trois contre un, nos garçons non seulement se sont frayés un chemin sans pertes de leur côté, mais ont emporté leur prisonnier avec eux. Leur succès était dû au leadership compétent de Dinny Lacey et Sean Hogan.

À cette époque, un homme de l'IRA nommé Traynor était sous le coup d'une condamnation à mort à Dublin. Les Britanniques avaient déjà pendu plusieurs de nos soldats tombés entre leurs mains, mais notre camp s'est fermement opposé à des représailles. Bien des fois, des hommes de l'IRA ont été pendus en tant que criminels. Des soldats et des policiers britanniques sont tombés entre nos mains, mais ils ont toujours été relâchés après avoir rendu les armes. Si l'Angleterre ne jouait pas ce jeu, nous le ferions.

Le cas de Traynor était particulièrement triste. Il était père d'une jeune famille sans défense. Son exécution a été fixée au 25 avril.

Avec Potter prisonnier entre nos mains, nous avons immédiatement décidé d'un plan d'action qui pourrait sauver la vie de Traynor. Nous envoyâmes immédiatement un courrier spécial à Dublin, avec un message à remettre au quartier général ennemi indiquant que nous étions prêts à échanger notre prisonnier contre Traynor, et à défaut, que Potter serait exécuté par nous.

Le message fut délivré au château de Dublin deux jours avant l'heure fixée pour l'exécution. Nous n'avons reçu aucune réponse. Je crois que les responsables du Château n'ont jamais laissé l'offre dépasser leur propre cercle secret. Après tout, Potter n'était à leurs yeux qu'un de ces simples Irlandais qu'ils avaient utilisés comme un outil.

Le 26, nous avons appris que Traynor avait été exécuté la veille. Nous estimions que cela montrerait de la faiblesse de notre part si nous ne mettions pas à exécution notre menace. Nous avons également pensé qu'il serait utile que nous fassions des offres similaires à l'avenir. Et d'ailleurs Potter n'était, à nos yeux, pas un soldat anglais mais un traître irlandais.

Nous l'avons informé qu'il allait être exécuté. Nous lui avons donné toutes facilités pour communiquer avec sa femme et ses enfants et pour écrire les messages qu'il souhaitait.

Je ne me suis jamais senti plus désolé de devoir accomplir une tâche aussi désagréable. Nous avons discuté de la question sous tous ses aspects et avons convenu que nous n'avions pas d'alternative. Potter était un gentleman gentil et cultivé et un officier courageux. Avant d'être exécuté, il nous a donné un journal intime, une chevalière et une montre en or en nous demandant de les rendre à sa femme. Nous avons répondu à sa demande.

En représailles officielles à sa mort, les autorités militaires britanniques ont fait sauter dix fermes dans le sud de Tipperary. Parmi eux se trouvait celui de

Mme Tobin, de Tincurry, où Sean Treacy, Hogan et moi nous étions réfugiés la nuit qui avait suivi l'affaire Soloheadbeg.

CHAPITRE XXV.
MARIÉ SUR LA LIGNE DE BATAILLE.

Le 12 juin 1921, un mois seulement avant la trêve avec les forces anglaises, je me suis marié dans des circonstances aussi étranges que romantiques.

Dans un chapitre précédent, j'ai déjà raconté comment j'ai rencontré pour la première fois ma future épouse, Brighid Malone, en septembre 1919, et comment elle et sa sœur nous ont servi ainsi que notre cause alors que les sympathisants étaient rares. Dès le jour de notre première visite chez les Malone, notre amitié a commencé et s'est rapidement développée en un sentiment plus profond. Je savais que c'était aux soins constants de Brighid que je devais mon prompt rétablissement des blessures que j'avais reçues à Ashtown. Au cours des mois que j'ai passés dans la maison de sa mère après cette rencontre, notre attachement s'est renforcé et, en 1920, nous nous sommes officiellement fiancés.

Après le combat de Drumcondra en octobre 1920, Brighid venait me voir chaque fois que la situation était sûre. Nous avons décidé de nous marier dès que je serais complètement rétabli. Je connaissais bien les risques que je lui demandais de prendre pour moi ; mais elle n'a jamais hésité à les prendre. Être connu comme un de mes amis impliquait toute la tyrannie et la torture mesquines dont les Britanniques étaient capables. Qu'est-ce que cela signifierait alors pour la jeune fille contre laquelle le crime terrible pourrait être imputé qu'elle soit ma fiancée ou ma femme ?

Je savais que des espions suivraient à jamais ses pas, que sa maison serait perquisitionnée nuit et jour, et qu'elle-même serait insultée, et peut-être torturée pour obtenir des informations. Mais elle n'a jamais bronché. Elle était prête à tenter sa chance et moi, pour ma part, je sentais que je pouvais être encore un aussi bon soldat de l'Irlande.

Au début de 1921, nous convînmes que le mariage aurait lieu en juin. Brighid aurait ses vacances à ce moment-là, et donc son voyage à la campagne, s'il était remarqué, pourrait ne pas éveiller autant de soupçons.

Fin mai, nous avions terminé toutes les dispositions. Il était hors de question que la cérémonie ait lieu dans une église. Les églises étaient constamment perquisitionnées et fouillées, et même le sacrilège n'inquiétait guère les auxiliaires. D'ailleurs, une cérémonie de mariage dans une église locale attise la curiosité du quartier.

Nous avons décidé de nous marier chez Michael Purcell, de Glenagat House. Glenagat est à six milles de Clonmel et à quatre milles de chacune des villes de Cahir, Cashel et Fethard. Toutes ces villes étaient tenues par de puissantes forces ennemies qui, jour et nuit, envoyaient de lourdes colonnes parcourir la région à la recherche de nos unités. Notre point choisi était donc au milieu de l'ennemi.

Les Purcell formaient une grande famille et faisaient tout ce qui était en leur pouvoir pour aider à finaliser les arrangements. Ils avaient une longue expérience de service à la cause du pays, et M. Purcell et son épouse avaient tous deux vu l'intérieur d'une cellule de prison pendant la « guerre terrestre » de la dernière génération. Ils avaient été impitoyablement expulsés de leur propriété, mais à cette époque, ils avaient reconquis leur ferme.

Le combat était désormais plus intense que jamais. Chaque camp subissait chaque jour de lourdes pertes, et les crimes des Noirs et des Tans devenaient chaque jour plus diaboliques et révoltants.

Brighid est arrivée dans le quartier le dimanche précédant le mariage. Cela faisait sept mois que nous ne nous étions vus, si bien que nos retrouvailles furent non seulement romantiques mais aussi délicieuses. Il n'est pas facile d'apprécier le risque qu'elle a pris.

Entre-temps, j'avais envoyé un message du quartier général de brigade à toutes nos colonnes pour leur annoncer l'événement qui allait se produire. Au petit matin du 12 juin, toutes nos colonnes ont convergé vers Glenagat, abattu des arbres sur les routes et posté des gardes armés à toutes les approches. Glenagat ce jour-là était aussi imprenable que la South Tipperary Brigade pouvait le rendre, et si les forces britanniques tentaient de visiter la région , elles recevraient un accueil comme elles n'en avaient jamais connu auparavant. Jamais nos hommes n'ont été aussi enthousiastes, aussi déterminés ou aussi excités. La nuit précédente, Sean Hogan, Dinny Lacey, Mick Sheehan, Con Moloney, Sean Fitzpatrick et plusieurs autres policiers avaient dormi avec moi dans une tente à proximité. Je pense que j'aurais dû dire passé la nuit, car nous avons très peu dormi, à mon grand regret. Les garçons insistaient pour parler toute la nuit et me donner tous les conseils que les célibataires donnent habituellement à celui qui va devenir bénédictin. Si jamais j'ai été la cible d'un tir rapide et soutenu, c'était cette nuit-là, même si, heureusement, ce n'était pas dangereux.

Tôt le matin, nous sommes arrivés à Glenagat House. Le père Murphy, de New Inn, Cashel, qui devait célébrer la cérémonie, était déjà arrivé, et Brighid était là aussi. Le père Murphy a dit la messe dans la maison et Brighid et moi avons reçu la sainte communion. Sean Hogan était mon « témoin » et Miss Annie Malone était ma demoiselle d'honneur.

Une fois la cérémonie terminée, nous nous sommes assis pour le petit-déjeuner et nous avons été une véritable fête joyeuse. Le père Ferdinand O'Leary, Sean Cooney et Miss Cooney sont arrivés sur les lieux au moment même où le petit-déjeuner commençait.

Chez Jack Luby, de Milltown House, nous avons eu un véritable mariage champêtre. Tout au long de la soirée et de la nuit, les garçons et les filles du quartier ont dansé, chanté et se sont amusés comme s'il n'y avait pas de guerre. Pendant tout ce temps, nos avant-postes étaient en alerte, même si chaque groupe était de temps à autre soulagé de prendre part à la joie. Et même pendant que les garçons dansaient et riaient, leurs armes étaient toujours à portée de main en cas de besoin. Nous nous étions habitués à la guerre. Aucun terrorisme ne pourra jamais tuer l'esprit du peuple.

Du district de Glenagat, nous sommes allés à Donohill, retournant dans ma paroisse natale, à côté de Soloheadbeg. Larry Power, qui était capitaine de mon ancienne compagnie, voyait que nous n'avions rien à craindre et je savais que l'on pouvait faire confiance à mes anciens camarades jusqu'à la mort.

Ici nous avons passé notre lune de miel, passant de la maison d'un ami à l'autre, car ils étaient tous désireux de nous divertir. John Quirke, Paddy O'Dwyer, James Ryan et Jack O'Brien, de Ballinvassa, étaient chacun à leur tour nos hôtes et n'ont épargné aucun effort pour nous rendre heureux et en sécurité.

Vraiment, c'était un étrange mariage et une étrange lune de miel. Pas de marches de mariage, d'épées croisées, de confettis ou de riz ou de voyages sur le continent, mais l'amour et l'accueil d'amis de confiance au cœur généreux et chaleureux. Et je ne crois pas que ni ma femme ni moi n'en déciderions autrement si nous avions à nouveau le choix.

CHAPITRE XXVI.
LA TRÈVE.

Au début de juin 1921, j'appris qu'un mouvement était en cours pour parvenir à un compromis avec l'Angleterre. Je ne fus alors pas surpris d'apprendre qu'une trêve avait été conclue à partir du 11 juillet 1921.

À bien des égards, nous avons apprécié ce répit, même si nous n'avions jamais pensé qu'il se terminerait ainsi. Depuis quelque temps, notre région manquait de munitions et, juste avant la trêve, nous avions envoyé certains de nos hommes sur le continent dans l'espoir de négocier une cargaison qui tenterait de faire fonctionner le blocus. Au moment de la trêve, j'étais quartier-maître de la deuxième division sud de l'IRA, mais j'ai démissionné pour des raisons que je ne souhaite pas exposer ici. C'était à peu près au moment de la trêve que nos brigades dans toute l'Irlande étaient regroupées en divisions.

C'était pour nous comme une nouvelle vie de revenir des colonnes vers les villes. Partout nous avons été accueillis et acclamés comme des héros, même par ceux qui, deux ans auparavant, nous décrivaient comme des meurtriers et des assassins. Mais pendant tout ce temps, nous manquions encore d'argent. Pendant les mois de la Trêve, je suis allé presque tous les jours à des réunions de course et je me suis fait de nombreux amis parmi la fraternité des courses dont les informations, en particulier celles des propriétaires, ont permis à Hogan et à moi-même de réaliser des investissements très rentables. C'était le seul moyen d'obtenir de l'argent, car l'IRA était encore une armée de volontaires non rémunérés.

À Tipperary et à Dublin, j'ai rendu visite à tous mes anciens amis et j'ai été accueilli partout. En août, j'ai décidé d'abandonner la course. A cette époque, l'IRA accordait une attention particulière aux régions du Nord, s'efforçant d'équiper et d'entraîner ses unités afin que, lorsque le combat reprendrait, elles puissent jouer un rôle plus actif et soulager une partie de la pression exercée par les comtés du Sud. J'avais hâte de contribuer à ce travail et je suis allé dans le nord, où j'ai rencontré Charlie Daly, qui a depuis été exécuté par l'État libre pendant la guerre civile. Daly, qui était un homme de Kerry, était l'un des soldats les plus talentueux et les plus compétents que j'aie jamais rencontré. J'ai passé cinq semaines avec Charlie à entraîner les garçons du Nord à l'usage du fusil et de la bombe. C'était un travail difficile pour nous tous, mais je l'ai apprécié car j'ai vu une grande partie de l'Ulster au cours de nos longues promenades et de nos promenades d'agrément. Pour rendre les choses plus excitantes, nous sommes allés à Belfast même à plusieurs reprises.

Je suis rentré à Dublin vers la fin septembre. Pendant que j'étais dans la capitale, les gardes de Dublin m'ont offert une montre et une chaîne en or, et Paddy Daly et d'autres, qui furent plus tard officiers de haut commandement dans l'armée de l'État libre, ont dit de très belles choses à mon sujet. Je dois ici remarquer que la montre que j'ai reçue à cette occasion a été pillée dans ma maison de Carrick-on- Suir dix ou onze mois plus tard par les troupes de l'État libre qui sont entrées dans cette ville.

Je suis resté à Dublin quelques jours avant la signature du traité. Puis j'ai découvert qu'un compromis était en train d'être trouvé et je suis retourné vers le sud. J'étais convaincu que si nous pouvions montrer que l'armée était solide pour ce pour quoi elle s'était battue, le Daïl ne trahirait pas l'armée. J'avais le sentiment que les soldats maintiendraient les politiciens sur la bonne voie. Je ne pouvais pas me résoudre à croire que le Dáil assumerait la responsabilité de parvenir à un compromis, alors qu'il n'avait jamais assumé la responsabilité de la guerre anglo-irlandaise. En cela, je me suis malheureusement trompé. Ceux-là mêmes qui étaient les plus farouchement opposés à ceux qui avaient déclenché la guerre étaient désormais les plus fervents partisans du Traité.

Je suis arrivé à Dublin le 7 décembre, jour où les termes du traité ont été rendus publics, et j'ai rencontré Liam Lynch, Sean Hogan et plusieurs officiers de l'IRA. J'ai exhorté Liam Lynch, qui commandait alors la 1re Division Sud, à mettre fin immédiatement à la trêve et à reprendre la guerre. De cette façon, nous aurions pu maintenir l'unité de l'armée une fois que l'ennemi commun serait de nouveau en action contre une partie d'entre nous. Personne n'a favorisé mon projet. Certains espéraient vainement que même si le traité était accepté par le Dáil, il serait rejeté par le peuple lors des élections. J'ai ri de cet espoir, sachant que dans tout pays lassé de la guerre, les masses populaires accepteront toujours un compromis.

Découragé par l'échec de mes efforts pour rassembler à nouveau les garçons contre l'ennemi, je pris la décision de quitter l'Irlande. J'avais l'intention d'aller en Inde et de porter un coup contre le vieil ennemi là-bas et d'aider ceux qui menaient la même bataille que nous avions menée en Irlande. Mais lorsque Sean Hogan et moi avons pris contact avec les dirigeants indiens à Londres, ils ont demandé comment on pouvait faire confiance aux Irlandais pour se battre pour l'Inde alors qu'ils avaient déserté leur propre pays ?

Désespéré, j'ai décidé d'aller en Amérique. À la mi- décembre, j'ai agi comme « témoin » de Seumas Robinson lors de son mariage à Dublin. Ce soir-là, je partais pour Londres.

En quittant Dun Laoghaire, je me suis senti complètement brisé. J'avais vu tous nos efforts vains, et les hommes en qui nous avions confiance avaient dit au monde que la liberté pour laquelle nous nous battions était la liberté de voir notre pays coupé en deux et la liberté de prêter serment d'allégeance à un roi étranger.

JJ HOGAN. PÈRE DAN KELLY. DAN BREEN.

Avant de quitter Dublin, j'avais demandé à plusieurs officiers de l'IRA de me soutenir dans la reprise de la guerre, mais ils n'ont pas accepté mon point de vue. S'ils avaient accepté, je n'aurais jamais quitté l'Irlande et je les ai prévenus que d'ici douze mois, ils mèneraient une guerre civile.

Le 19 décembre, avant de quitter l'Irlande, j'ai adressé une lettre ouverte au commandant Sean McKeon, TD. Dans cette lettre, j'ai exprimé parfaitement mon attitude à l'égard du Traité. Voici mes mots exacts : -

« Je tiens à vous signaler que vous auriez déclaré aujourd'hui dans An Dail que ce traité apporte la liberté qui est nécessaire et pour laquelle nous sommes tous prêts à mourir. Vous auriez également déclaré précédemment que ce Traité vous donne ce pour quoi vous et vos camarades vous êtes battus.

« En tant que l'un de vos camarades, je dis que je n'aurais jamais manipulé une arme à feu ni tiré un coup de feu, et que je n'aurais jamais demandé à aucun de mes camarades, vivants ou morts, de lever la main pour obtenir ce traité.

« Laissez-moi vous rappeler que c'est aujourd'hui le deuxième anniversaire de la mort de Martin Savage. Pensez-vous qu'il a sacrifié sa vie en tentant de tuer un gouverneur général britannique afin de faire place à un autre gouverneur général britannique ?

"Je ne prends parti pour aucun parti, mais je maintiens toujours notre vieux principe de séparation complète et d'indépendance totale."

A Londres j'ai rencontré Sean Hogan qui avait traversé avant moi. C'était la première fois que je quittais mon propre pays et, pendant un certain temps, la nouveauté de la vie à Londres et mon environnement étrange m'aidèrent à détourner mon esprit de la grande tragédie de l'Irlande. Nous sommes restés à Londres environ une quinzaine de jours. Pendant mon séjour, j'ai rencontré M. PL Smyth, l'agent bien connu de la Commission de Dublin, et il s'est avéré pour nous un bon ami.

Notre prochain problème était de savoir comment nous rendre en Amérique. Nous avons décidé de tenter la traversée depuis le Canada, mais nous avions deux grands obstacles à surmonter.

Premièrement, nous avions très peu d'argent et, deuxièmement, nous n'avions pas de passeport. Comment nous avons surmonté la difficulté du passeport, je ne peux pas l'expliquer ici.

Quoi qu'il en soit, après un voyage de trois semaines, nous avons atterri sains et saufs au Canada. Du Canada, nous avons traversé avec succès les États-Unis et nous sommes dirigés vers Chicago. Ici, nous avons été accueillis par mes deux frères, John et Pat, et ma sœur Mary, qui vivaient tous aux États-Unis depuis quelques années. J'ai vite découvert que dans cette ville lointaine, nous étions presque chez nous. Nous avons rencontré partout des compatriotes et des compatriotes. L'un des premiers que nous avons rencontrés était Ned O'Brien, de Galbally, dont la santé s'était dégradée à cause des blessures qu'il avait reçues lors du sauvetage à Knocklong. Parmi les autres amis que nous nous sommes fait, citons Mme McWhorter, une grande militante de la cause irlandaise, Michael Mulryan, Jim Delaney et le colonel O'Reilly. Ils ont tous contribué à faire de nos vacances de véritables vacances en nous montrant tout ce qu'il y avait d'intéressant dans cette grande ville. Par-dessus tout, j'ai été émerveillé par les grandes usines de salaison de viande, dont la plupart appartiennent et sont exploitées par des Irlandais.

Nous sommes allés de Chicago à Philadelphie où une foule d'amis nous ont de nouveau accueillis. Joe McGarrity, ce vétéran travailleur irlandais, a été l'un des premiers à nous accueillir et nous avons passé un moment dans sa maison où tant d'autres avant nous - Sean McDermott, Padraig Pearse, Roger Casement et Eamon de Valera - avaient été honorés et diverti. Luke Dillon nous a également accueillis, ainsi que nos vieux amis Seumas O'Doherty et Mme O'Doherty, que nous avions connus autrefois à Dublin. Je me souviendrai toujours de la gentillesse de la famille O'Doherty envers nous avec gratitude.

De Philadelphie, nous sommes allés en Californie. Là, j'ai rencontré de nouveau de nombreux amis irlandais, dont le père Peter Scanlon, le père Dan Kelly, senior ; et le père Dan Kelly, junior, tous de ma propre région du pays. J'ai également été ravi de rencontrer Mick McDonnell, notre ancien camarade du combat d'Ashtown, qui était là-bas depuis un bon moment.

La Californie est un endroit charmant. Même si c'était au milieu de l'hiver quand je suis arrivé là-bas, le temps était comme celui que nous avons en Irlande en été.

En attendant, j'étais loin d'être déconnecté des affaires d'Irlande. Les journaux américains accordèrent une grande importance à l'évolution des événements intérieurs après l'acceptation du Traité. Il était clair que nos anciens camarades étaient irrévocablement divisés et se dirigeaient vers la guerre civile. Chaque jour apportait de nouvelles histoires de nouvelles différences et de conflits mineurs qui montraient que la situation ne pouvait se terminer que d'une seule manière. En Amérique, nos compatriotes étaient divisés de la même manière que notre peuple chez nous.

Début mars, on a appris que Limerick était au bord d'une épidémie. Différents postes dans la ville étaient occupés par les sections rivales des Volontaires, certaines favorables au traité, d'autres opposées. Des ultimatums avaient en fait été lancés entre les commandants rivaux, et il semblait qu'à tout moment, un seul coup de feu pouvait déclencher un conflit qui allait bientôt s'étendre à tout le pays.

J'étais chez le père Dan Kelly, senior, à Menlo Park, lorsqu'un télégramme m'est parvenu d'Irlande me demandant de revenir immédiatement. Ce message était le résultat d'un accord conclu entre les sections rivales de Limerick, accord qui a évité un conflit.

Deux jours après avoir reçu ce télégramme, j'avais quitté la Californie pour Chicago. Là, je suis resté quelques jours avec mes parents et amis. De Chicago, je suis allé à Philadelphie où j'ai reçu le même accueil chaleureux de la part de Joe McGarrity, Luke Dillon et des O'Doherty.

Nous avions décidé que New York serait le meilleur endroit pour tenter un passage vers l'Irlande, car bien sûr, Hogan et moi étions toujours confrontés aux mêmes difficultés concernant l'argent et les passeports que celles que nous avions rencontrées lors de notre voyage aller. Nous aurions facilement pu obtenir des passeports du consulat britannique si nous les avions demandés en tant que sujets britanniques, mais nous aurions préféré pourrir en Amérique. Pendant notre séjour à New York, nous avons visité la maison des Pères Carmélites de la 39ème rue, ainsi que les bureaux irlandais de la 5ème Avenue, où j'ai rencontré Liam Pedlar.

Finalement, grâce à l'aide de quelques amis irlandais, nous avons tous deux été embarqués sur un navire qui naviguait vers Cobh. Nous travaillions comme chauffeurs. Sean et moi nous sommes mis au travail avec volonté et avons consacré quatre heures à une tâche qui nous était nouvelle. Le navire devait appareiller d'ici une heure, lorsque quelqu'un s'est méfié de Hogan. Il a été interrogé sur sa nationalité, son expérience sur d'autres navires et il a finalement été sommé de quitter le navire sur place.

Maintenant, c'était un bon dilemme pour moi. J'ai vu nos quatre heures de travail acharné et tous nos efforts pour obtenir des emplois réduits à néant ; mais je ne pouvais pas imaginer laisser Hogan seul à New York sans un centime en poche. J'ai décidé que je ne naviguerais pas sans lui.

Mais il n'était pas facile de s'échapper du navire. L'équipage était rassemblé pour le voyage, et tenter de retourner à terre était une faute grave, pour laquelle je pouvais me retrouver aux fers.

Il fallait prendre le risque. J'ai fait une offre audacieuse. J'ai marché directement jusqu'à la passerelle, mais j'ai été retenu par un officier. Je lui ai expliqué que j'avais des affaires importantes à faire à terre mais que je ne serais pas retenu plus de quelques minutes. Il a dû me prendre pour un simple travailleur pauvre et inoffensif, car il a accepté ma parole et m'a permis d'atterrir. Je ne l'ai jamais revu ni lui ni son navire par la suite.

La perte n'était pas entièrement de son côté. Tout l'argent que nous avions la veille de notre départ avait été investi dans des armes à feu, et celles-ci se trouvaient sur le navire. Ce serait une folie d'essayer de les emmener avec moi, j'ai donc dû en subir la perte. Mon camarade représentait plus pour moi que l'usine Krupp.

Nous avons encore eu quelques amères déceptions avant de pouvoir embarquer à nouveau sur un paquebot. Finalement, nous nous sommes retrouvés en haute mer, naviguant vers Cobh.

Nous avons atterri en Irlande début avril. Un ami à qui ma femme avait télégraphié pour me rencontrer à Cobh m'a apporté l'heureuse nouvelle que non seulement ma femme mais un fils attendaient mon arrivée à Dublin.

CHAPITRE XXVII.
EFFORTS POUR ÉVITER LA GUERRE CIVILE.

Quand je suis arrivé à Dublin, j'ai découvert que la situation était encore plus critique que ce à quoi je m'attendais. L'ancienne armée républicaine s'était définitivement divisée en deux sections : l'une, la nouvelle armée de l'État libre, et l'autre, l'IRA. Les troupes britanniques avaient évacué les casernes Bush de Beggar et les casernes Wellington et les avaient remises aux troupes de l'État libre. Les républicains s'étaient emparés et fortifiés des Quatre Cours pour en faire leur quartier général. Des divisions similaires existaient dans tout le pays, même si le sud était majoritairement républicain en ce qui concerne l'armée. Il était clair qu'à tout moment une guerre civile pouvait éclater. La guerre était dans l'air. La nuit, les tirs étaient constants et des véhicules blindés se précipitaient dans les rues.

J'avais presque le cœur brisé. Avons-nous été si loyalement unis dans le passé pour ensuite retourner nos armes les uns contre les autres ? J'ai décidé qu'au moins je ne serais pas responsable si des combats éclataient.

J'ai visité tour à tour les fiefs de chaque parti pour explorer les possibilités. J'ai convoqué des réunions des anciens combattants des deux côtés, mais il ne semblait y avoir aucune chance d'aboutir à un accord.

J'ai ensuite rencontré Sean O'Hegarty (commandant de la 1ère brigade de Cork), Florrie O'Donoghue (adjudant de la 1ère division sud), Humphrey Murphy, de Kerry ; Tom Hales, de Cork ; et Sean Moylan, TD, tous opposés au traité. Après quelques discussions, nous avons décidé de rencontrer des officiers de l'autre côté dans un dernier effort pour trouver une issue. Nous avons rencontré Mick Collins, Dick Mulcahy, Owen O'Duffy, Gearoid O'Sullivan et Sean Boylan.

Après un long échange de vues, nous sommes convenus d'une certaine base de règlement. Nous l'avons mis par écrit et chacun de nous l'a signé sauf Sean Moylan. Ce document a été publié dans la Presse le 1er mai. Je le donne ici dans son intégralité : -

« Nous, officiers soussignés de l'IRA, conscients de la gravité de la situation en Irlande et appréciant le fait que si la tendance actuelle se maintient, un conflit entre camarades est inévitable, déclarons que ce serait la plus grande calamité de l'histoire irlandaise et laisser l'Irlande brisée pendant des générations.

«Pour éviter cette catastrophe, nous pensons qu'un resserrement des rangs est nécessaire.

« Nous suggérons à tous les dirigeants, militaires et politiques, ainsi qu'à tous les citoyens et soldats d'Irlande, de l'opportunité d'une union des forces sur la base de l'acceptation et de l'utilisation de notre position nationale actuelle dans le meilleur intérêt de l'Irlande, et nous exigeons que rien ne sera fait qui puisse nuire à notre position ou dissiper nos forces.

« Nous estimons que sur cette seule base, la situation peut être mieux affrontée, à savoir :

« (1) L'acceptation du Pacte – admise par toutes les parties – que la majorité du peuple irlandais est prête à accepter le Traité.

« (2) Une élection concertée en vue de

« (3) Former un gouvernement qui jouira de la confiance de tout le pays.

"(4) Unification de l'armée sur la base ci-dessus."

Cela a été signé par Tom Hales, Humphrey Murphy, Sean O'Hegarty, Florrie O'Donoghue, Sean Boylan, Dick Mulcahy, Owen O'Duffy, Gearoid O'Sullivan, Mick Collins et moi-même. Autrement dit, cinq d'entre nous étaient opposés au traité et cinq d'entre nous étaient en faveur. Pendant la guerre civile qui a suivi, Florrie O'Donoghue et Sean O'Hegarty sont restés neutres.

Ces propositions ont fait l'objet de sévères critiques. Le quartier général républicain des Quatre Tribunaux a immédiatement publié une déclaration répudiant ces conditions et suggérant que tout cela était une tentative de diviser leurs rangs. J'ai moi-même reçu ma part de critiques négatives. Un journal républicain, *The Plain People*, m'a décrit comme un « Judas, avec peut-être la différence que je n'avais pas reçu les trente pièces d'argent ». Je ne sais pas à ce jour qui était le rédacteur en chef de ce journal. Peut-être croyait-il ce qu'il écrivait. Je n'ai prêté aucune attention à ces observations. Je croyais que mon devoir était de mettre tous mes nerfs à rude épreuve pour éviter la guerre civile.

Le 3 mai, ceux qui avaient signé cette proposition de base de paix furent reçus par le Dail et Sean O'Hegarty s'adressa à la Chambre. Le résultat fut la nomination d'un comité représentant les deux côtés au Dáil pour discuter des propositions.

L'étape suivante consistait à voir ce qui pouvait être fait pour provoquer une réunion au sein de l'armée. Une conférence fut organisée entre les chefs des deux côtés et plusieurs réunions eurent lieu. Mais ni les chefs militaires ni les chefs politiques ne parvinrent à un accord durable. Le seul résultat de toutes les négociations a été le pacte entre Eamon de Valera et Michael Collins, acceptant de se présenter aux prochaines élections en tant que parti uni du Sinn Fein, les États libres et les républicains se tenant sur la même liste et ne s'opposant pas. De cette façon, tous les membres sortants du Dáil furent à nouveau nommés, et l'accord fut qu'après les élections il y aurait un ministère de coalition.

Lorsque les élections eurent lieu, il y eut quelques difficultés au sujet d'un poste vacant créé à East Tipperary par la démission de l'échevin Frank Drohan, de Clonmel. Il avait démissionné avant la division sur le traité, et un différend surgit quant à savoir si les républicains ou les États libres devaient nommer son successeur. Finalement, j'ai été sélectionné comme étant plus ou moins neutre. Je n'ai pas été consulté à ce sujet et je ne savais rien de cet arrangement jusqu'à ce que j'en voie l'annonce dans la presse. J'ai protesté contre cette proposition, mais par souci d'harmonie, j'ai accepté que mon nom soit avancé. Je n'avais aucune ambition de me lancer en politique. J'étais avant tout un militaire et j'ai clairement fait savoir que je ne participerais pas à la campagne électorale. Cependant, les deux côtés m'ont désigné et j'ai été battu aux élections.

J'avais espéré que, grâce au pacte entre Collins et de Valera, nous aurions des élections incontestées, ce qui aboutirait au maintien d'un front uni contre l'Angleterre. Cependant, le Parti travailliste et les agriculteurs se sont préparés à envoyer leurs propres candidats pour s'opposer aux Républicains et aux Free Staters. Avant le scrutin, Mick Collins a prononcé un discours à Cork, exhortant les travaillistes et les autres partis à poursuivre leur campagne. Il s'agissait bien entendu d'une violation flagrante de l'accord qu'il avait conclu.

Dans le Nord, Mid. et South Tipperary, j'ai réussi à inciter les candidats des agriculteurs à se retirer du concours. Si tous les partis étaient aussi patriotes que les agriculteurs de Tipperary, la guerre civile aurait pu être évitée. Ils avaient souffert plus que toute autre section de la communauté de la terreur des Noirs et Feu. Depuis trois ans, la loi martiale empêchait la tenue des foires et des marchés. Leurs fermes et crémeries avaient été détruites par dizaines, et ils étaient restés fidèles à nous tout au long de la guerre. Leur abnégation en se retirant des élections de 1922 mérite d'être rappelée.

Le candidat travailliste dans Tipperary n'écouterait aucun argument. Il ne se souciait pas de présenter un front unique à l'ennemi. Il avait l'ambition de pouvoir et il tenait à aller de l'avant. Il s'est ensuite vanté, je crois, de ne pas avoir peur de Dan Breen, même lorsqu'on lui a pointé un pistolet sur la poitrine. Même dans les campagnes électorales, de telles calomnies ne jouent guère le jeu. Cependant, j'espère que mes compatriotes me connaissent suffisamment bien pour ne pas croire que je mettrais un jour une arme devant un adversaire non armé.

Pendant tout ce temps, j'étais toujours inquiet pour l'avenir. La violation du Pacte par Mick Collins m'a rendu suspect. Je sentais aussi que l'Angleterre n'autoriserait jamais un ministère de coalition composé d'États libres et de républicains, mais j'espérais toujours que si une crise survenait, les États libres lui remettraient le traité entre les dents plutôt que d'obliger frère à lutter contre frère.

CHAPITRE XXVIII.
COMMENT J'AI ÉTÉ CAPTURÉ.

Je n'ai pas l'intention de raconter ici une histoire de la guerre civile. Je peux seulement dire que j'affirme avoir fait ma part pour l'éviter. Mais quand j'appris, à mon grand étonnement, que les Free Staters avaient, en pleine nuit, placé des canons britanniques en position pour bombarder les Républicains dans les Quatre Cours, j'ai senti qu'il n'y avait qu'une seule voie qui s'offrait à moi : me rallier à mes anciens camarades. et continuer le combat pour la République.

Au cours de ce combat, j'ai perdu presque tous mes anciens frères d'armes. Même pendant la guerre contre les Black and Tans, Tipperary a moins souffert. Dinny Lacey a donné sa vie pour l'Irlande ; Jerry Kiely, « Sparkie » Breen, Paddy Dalton, Paddy McDonough, Mick Sadlier, D. Ryan, Liam Lynch et plusieurs autres avec qui j'avais fait campagne autrefois aussi. C'étaient des soldats nobles et courageux, des camarades fidèles et altruistes. L'Irlande manquera de tels hommes. Ils seraient peut-être encore parmi nous si l'accord conclu à Limerick entre Liam Lynch et Mick Brennan avait été respecté par les Free Staters. Cet accord aurait pu empêcher les soldats du Sud de retourner leurs armes les uns contre les autres. Personne ne peut affirmer que les républicains portent une part de responsabilité dans la rupture du traité de Limerick de 1922.

Je terminerai mon récit par un récit des circonstances qui ont conduit à ma capture.

Lorsque Liam Lynch fut tué dans le comté de Waterford au début du printemps 1923, Austin Stack, Frank Barrett, David Kent, Sean Gaynor, Maurice Walsh, George Power et plusieurs autres d'entre nous qui étions ensemble dans le quartier décidèrent de se rendre à la vallée du Nire pour assister à une réunion importante qui avait été convoquée pour discuter de certaines propositions de paix. Nous sommes arrivés à Melleray à 1 heure du matin le lendemain et avons eu un repos bien mérité et un peu de nourriture. A cinq heures, nous reprenons notre route vers Cappoquin, et après une heure de marche nous traversons la route, car nous tenons à rester le plus possible dans les champs. Juste après que nous ayons traversé la route et que nous gravissions une colline, des tirs nourris ont été ouverts sur nous de trois côtés. Nous nous sommes immédiatement mis à couvert, mais comme les tirs devenaient plus intenses, nous avons décidé de nous éloigner du mieux que nous pouvions. Dans la confusion, nous nous sommes dispersés. Je n'ai jamais rencontré Austin Stack depuis ce jour jusqu'à ce que je le rencontre quatre mois plus tard à Mountjoy, où nous étions tous les deux prisonniers.

Je suis tombé sur Maurice Walsh et Andy Kennedy et nous avons décidé d'affronter Newcastle, près de Clonmel. Quand nous sommes arrivés là-bas, nous avons découvert avec étonnement que l'endroit était occupé par un fort groupe d'États libres.

Nous avons dû rester deux jours sur les collines, car les troupes de l'État libre avaient amené d'énormes renforts pour balayer le district. Il y avait beaucoup de neige au sol, mais nous ne pouvions nous aventurer dans aucun endroit où nous réfugier.

Au bout de deux jours, nous avons franchi les lignes et je me suis dirigé vers mon ancien repaire, le Glen of Aherlow. J'ai atteint une pirogue sur le Glen et je me suis presque effondré d'épuisement et de faim. J'ai dormi presque aussitôt que je me suis couché.

De ce sommeil, j'ai été réveillé par le bruit lourd des hommes qui marchaient au-dessus. J'ai sauté et j'ai regardé dans les canons de plusieurs fusils Free State. Je n'avais pas d'autre choix que de me rendre.

Je ne suis pas un homme au cœur tendre. J'ai trop enduré pour sentir qu'il est facile de pleurer ; mais ma fierté seule m'a empêché de pleurer comme un enfant ce jour-là.

Pendant cinq ans, j'avais défié la garnison anglaise en Irlande. Tout ce que j'avais souffert volontairement pour mon pays et mes compatriotes. Et maintenant, dans mon pays natal, j'étais prisonnier entre les mains de mes propres compatriotes.

J'ai d'abord été emmené à Galbally où j'ai rencontré mon vieil ami de Knocklong, Ned O'Brien, son frère John Joe et James Scanlan. Je pense qu'ils ont ressenti la situation aussi vivement que moi, mais ils ont essayé de me remonter le moral.

De Galbally, j'ai été emmené sous escorte jusqu'à ma ville natale, Tipperary, où j'ai subi une sorte de procès. Le lendemain, j'ai été emmené du quartier général de l'État libre, de l'Abbey School, et j'ai marché jusqu'à la gare. L'humiliation et l'agonie que j'ai endurées au cours de cette courte marche, je n'oublierai jamais. Puisse le lecteur ne jamais savoir ce que signifie être un prisonnier emmené à travers sa ville natale pour avoir fait ce qu'il croyait être son devoir et avoir servi son pays.

J'ai été emmené par train à Limerick où j'ai été détenu pendant deux mois. J'ai déjà raconté comment j'ai rencontré, en tant qu'un des officiers militaires qui me dirigeaient, le chauffeur de Lord French que nous avions blessé à Ashtown.

De Limerick, j'ai été emmené à Mountjoy et, à cause du traitement que j'y avais reçu, j'ai entamé une grève de la faim. Après douze jours de grève de la faim et six jours de grève de la soif, j'ai été libéré.

Pendant mon emprisonnement, les habitants de Tipperary m'avaient élu comme leur principal député républicain.